직장인의 삶

KB208589

직장인의 삶

김영성 지음

쏠트라인
SALTLINE

■ 머리말

정년이 엊그제 같은데 벌써 몇 년이 훌쩍 지나가 버렸다.

세월이 유수와 같다더니만 지나간 세월은 순식간에 가버려 아쉽기만 하다.

세월을 거슬러서 지난 온 일들을 회상해 보니 그래도 좋은 추억이 많은 듯하다.

나름 열심히 살면서 항상 큰 꿈을 안고 지냈다. 이제 지난날을 뒤돌아보니 모두 꿈같은 세월이었다.

이 책은 나의 자서전처럼 직장생활의 생각이나 느낌을 정리해 본 것이다.

직장에서 하는 일의 분야도 다르고, 일의 성질도 각자 차이가 있으므로 이런 부분은 감안하여 보았으면 한다.

이 책을 통해 각자의 일자리에서 자신의 생각을 정리해 보는 시간이 되었으면 한다.

아무쪼록 모든 분이 영광스러운 정년을 맞이할 때까지 보람되고 행복한 직장생활이 되기를 바란다.

|차례|

■ 머리말

제1장 들어서며   018

제2장 나의 직장 연대기   023

   1. 동기   024

   2. 노력   026

   3. 합격의 영광   028

   4. 발령   030

   5. 결혼   032

   6. 객지생활   034

   7. 도심근무   036

   8. 정년   038

제3장 직장인의 자세   041

   1. 청렴淸廉   042

   2. 공무상 부정행위 유형   045

     □ 횡령   045

□ 유용 045

□ 지체사용 046

□ 뇌물수수 046

□ 청탁講託 047

□ 배임행위背任行爲 048

□ 선물 수수 049

□ 가사조력, 서비스제공 049

□ 공용물의 불법사용 050

□ 과도한 경조사 부조 050

3. 직장예절禮節 051

□ 직장인으로서 정신예절 자세 052

□ 직장인으로서의 몸가짐 052

□ 용모 052

□ 인사예절 053

□ 대화예절 055

□ 전화예절 057

□ 대인관계 예절 059

□ 근무예절 063

4. 기타 065

□ 봉급생활자의 자세 065

□ 근검절약 정신 066

□ 저축하기 067

□ 직장에 전념하라 068

□ 정치적 중립 070

□ 공무원의 의무와 금지행위 071

제4장 업무처리에 대한 의견 077

□ 신규직원 소양교육 078

□ 현장실무 습득하기 079

□ 기존의 처리방식 파악하기 080

□ 직무교재, 참고자료 공부 080

□ 각종 법령 공부하기 080

□ 각종 위원회 활용 081

□ 기안문 작성 082

□ 결재 084

□ 자료 정리 085

□ 실무는 수시로 묻고 배워라 086

□ 업무협의체 구성 086

□ 직장보안 087

□ 일 처리 완급 조절 087

□ 원활한 일 처리   088

□ 실무 경험 쌓기   089

□ 사무용품과 장비 챙기기   090

□ 책임을 회피하지 마라   091

□ 위기 대처 능력   092

□ 원칙에 따라 처리하라   095

□ 자신 없는 일은 추진하지 마라   096

□ 업무 매뉴얼을 만들어라   097

□ 청소와 정리 정돈하기   098

□ 수입 관련 입찰   099

□ 각종 시설공사 입찰   100

□ 회계장부 기재   101

□ 회계 관련 숫자 철저 확인   102

□ 회계 계산의 철저   103

□ 각종 회계 절차   104

□ 감사 실무   105

□ 보도 홍보 실무   106

□ 귀중품 보관   108

□ 일은 미루지 말자   109

□ 업무분장   110

□ 나는 업무처리에 있어 기관장(사장)이다　　111

□ 직장 훈련　　112

□ 직장 행사　　113

□ 일에 겁부터 먹지 마라　　115

□ 민원발급　　116

□ 업무편람 만들기　　117

□ 사회자 해보기　　118

□ 회의 진행해 보기　　119

□ 공적조서 작성해 보기　　120

□ 예상답변서 작성해 보기　　121

□ 비상연락망 챙겨놓기　　122

□ 야근(잔업, 시간 외 근무)　　122

□ 업무 지도해 주기　　123

□ 불필요한 일을 하지 마라　　124

□ 예산과 결산　　125

□ 보수지급 업무　　128

□ 물품관리　　129

□ 공문서 작성요령　　130

□ 상사에 대한 구두 보고　　132

제5장 관계형성   133

☐ 동료 간 말조심   134

☐ 비밀을 만들지 마라   135

☐ 상사입장에서 말을 조심해라   135

☐ 권위를 세우려 하지 마라   136

☐ 술친구는 멀리하라   136

☐ 싸움은 피하라   138

☐ 명함 활용   139

☐ 고충상담과 인사상담   140

☐ 서로 돕기   140

☐ 직장 내 관습 따르기   141

☐ 애경사 참여하기   142

☐ 연장자年長者의 대우待遇   142

☐ 인맥 형성하기   144

☐ 유혹에 조심하라   145

☐ 성추행 방지   146

☐ 먼저 사과하라   149

☐ 흉보지 마라   150

☐ 겸손하라   151

☐ 분위기에 맞게 처신하라   152

□ 잔정을 나누자   154

□ 호감好感을 얻어라   155

□ 체육친목회 행사 참여하기   156

□ 나를 아는 것   157

□ 대인관계 유지하기   159

□ 도움 주는 이에게 감사하기   160

□ 직장을 출입하는 자는 정보전달자이다   161

□ 직장에도 나의 적은 있다   162

□ 직장은 생존경쟁의 장이다   164

□ 근무지 적응   165

□ 상사에 대한 거부와 의사표현   166

□ 직장인들이 선호하는 직원   167

□ 직장에서 미운 사람을 만났을 때   169

□ 직장에서 무시당하지 않으려면   170

□ 동료직원부터 챙겨라   172

제6장 자부심   173

제7장 긴장감   177

제8장 승진　　　　　　　　　　181

제9장 자기계발　　　　　　　185

　□ 연수는 모두 받아라　　　　186

　□ 자격증 취득에 눈을 돌려라　　187

　□ 연수 경험을 쌓아라　　　　187

　□ 교양서적 읽기　　　　　　188

　□ 인터넷 계정을 통한 활동　　189

　□ 봉사활동을 해라　　　　　190

　□ 문화생활 즐기기　　　　　191

　□ 글쓰기를 해라　　　　　　192

　□ 일과 메모하기　　　　　　193

　□ 힘을 모아라　　　　　　　194

　□ 어학능력 키우기　　　　　195

　□ 컴퓨터 달인이 되어라　　　196

　□ 보고서 작성법을 익혀라　　197

　□ 시대의 흐름을 읽어라　　　198

제10장 취미활동　　　　　　201

제11장 건강생활   205

□ 식사는 제시간에 챙겨 먹어야 한다   206

□ 배설은 참지 않아야 한다   207

□ 휴식은 간간이 취해 줘야 한다   207

□ 과도한 스트레스는 받지 않아야 한다   208

□ 운동은 규칙적으로 하자   209

□ 몸을 씻고 긴장을 풀 시간을 가져야 한다   209

□ 수면은 충분히 취해야 한다   210

제12장 징계   211

제13장 나가면서   217

제1장 들어서며

제1장 들어서며

이 책을 쓰게 된 동기는 내가 직장생활을 훌륭하게 마쳐서가 아니다. 오히려 그 반대일지도 모른다. 남들이 말하는 직장인으로서 꽃을 완전히 피워보지도 못한 채 정년 때까지 말단직이었기 때문이다.

일선에서 물러나 지난날을 곰곰이 생각해보니 몸서리 쳐지는 순간도 생각나고 잘못된 부분도 보이면서, 나 자신에 대한 반성의 기회를 가져보고 싶어 글을 쓰게 되었다. 그리고 지금 현장에서 열심히 일하고 있는 직장인들에게 조금이나마 도움이 될까 싶어서이다.

직장이란 사전적 의미로 보수를 받으며 일을 하는 곳을 말한다. 직업에는 귀천이 없다. 직업을 가지고 일하는 직장인에게 귀천을 따지고 박대하면서 멸시하고 천하게 대접한다면 우리 사회는 유지될 수가 없다.

누군가는 남이 싫어하고 회피하는 궂은일들을 해야만 한다. 옛날 양반과 상놈이 있던 시절을 생각하면 안 된다.

루터는 "직업이란 신으로부터 부여받은 임무"라 했다. 개인에게 주어진 직업에는 온 힘을 기울여 종사하여야 하고 모든 직업인은 인격적으로 존경받고 응당應當의 처우와 대가를 받아야 한다.

직업에 대해서는 장인정신匠人精神을 가져야 한다. 자기가 하는 일에 최고의 사람, 전문가, 달인, 박사, 권위자가 되어야 한다.

내가 좋아하는 직업을 가지고 일할 때는 일하는 자체가 즐거울 것이다. 에디슨은 "나는 단 하루도 일한 적이 없다"라고 했다. 공자는 "좋아하는 직업을 택하면 평생 하루도 일하지 않아도 될 것이다."라고 했다. 일이 즐겁고 보람되기에 일이라 보지 않은 것이다.

직장은 하루하루가 행복해야 한다. 베이컨은 "사람은 천성과 직업이 맞을 때 행복하다"고 했다. 라즈니쉬는 "자신이 하는 일에 열중할 때 행복은 자연히 따라서 온다"고 했다.

일을 즐기면 능률도 올라간다. 아리스토텔레스는 "일을 즐기면 완성도 높아진다."라고 했다.

직장에서는 전문인으로서 실력이 뛰어나야 하지만 인

품 또한 훌륭해서 그 직장에 꼭 필요한 사람이 되어야 한다.

일반적으로 직업인이라 말하기 위해서는 다음의 몇 가지를 만족하여야 한다.

첫 번째 일에 종사함으로써 일정한 수입이 있어야 한다. 수입이 보장되지 않은 일은 취미활동이나 봉사활동, 소일활동, 연구활동 등에 불과하다.

두 번째 일시적이고 단기적인 일자리보다는 장기적으로 일할 수 있어야 한다. 이는 계속적이고 연속적인 활동이 보장되어야 한다는 말이다.

세 번째 사회에 공헌할 수 있는 일이어야 한다. 상습적인 사기나 절도는 직업인으로 보기 어렵고 범죄인으로 본다.

네 번째 일부 직업에서는 전문인이나 기능인으로서 일정한 자격이 있어야 하는 경우도 있다.

직업은 수만 가지가 있다. 여기에서 자신에게 바람직한 직업이라고 생각되는 몇 가지를 말하면 다음과 같다.

첫 번째 자신의 적성, 소질, 능력, 기호에 맞는 직업

두 번째 수입은 많을수록 좋음

세 번째 나와 남에게 행복감과 만족감을 주는 직업

네 번째 자신이 자부심, 자존감, 자아실현감 등을 가질 수 있는 직업

이 조건을 다 만족할만한 직업인이 얼마나 있을지는 의문이다.

좋은 직업인으로 칭송받을 수 있는 조건을 말하라면 다음과 같다.

첫 번째 종사분야에서 전문인, 숙련인, 장인정신을 가진 자

두 번째 친절이 몸에 배여 접근성이 좋은 자

세 번째 자신의 직업에 대해 자부심과 열정이 있는 자

네 번째 도전정신과 창의성을 바탕으로 한 발전지향적인 자

다섯 번째 사명감과 책임감이 투철한 자

여섯 번째 성실과 근면정신이 몸에 배인 자

일곱 번째 인격이 갖추어진 도덕인

직업은 자의적으로나 타의적으로, 또는 여건이나 상황에 따라 어쩔 수 없이 바뀔 수도 있다.

여하튼 어느 직장에 몸을 담든 그 직장에서 최고의 직장인이 되기 위해 열심히 노력할 때 좋은 성과가 있을 것이다.

제2장 나의 직장 연대기

1. 동기

내가 직장을 갖기 위해 본격적으로 나선 것은 고등학교를 졸업하고부터이다. 그때까지만 해도 나는 시골에서 농사를 짓던 농부였다.

시골 어르신들이 입버릇처럼 하신 말씀은 "시골에서 농사짓고 살려 하지 마라"는 것이었다. 시골 농사가 나쁘다는 게 아니라 고단한 삶을 살아왔던 어르신들의 하소연 같은 말씀이다.

나는 처음 군인, 경찰을 꿈꾸었으나 그 길도 쉽지는 않았다. 일단 현장을 체험하기 위해 도심에 있는 환경여건이 열악한 공장생활도 해보고 식당 종업원, 버스검표원, 자동차정비견습공 등 나름대로 직업 경험을 하다가 군에 입대하게 되었다.

군대생활 3년을 복역하고 전역하니 직장 문제가 더 크게 다가왔다. 그래서 시내 학원가를 둘러보았다. 응시할 시험은 엄청 많았다. 그에 따른 자료도 한 보따리가 되었다.

　이런 자료들을 토대로 내가 응시할 직장에 대해 여러 날을 고민한 끝에 행정직공무원에 응시하기로 했다.

　직업은 한번 잡으면 바꾸기 어렵다고 했다. 그러니 진로 결정을 할 때 처음부터 꼼꼼하게 챙겨서 적성에 맞는 직업을 찾아야 한다.

　나는 처음부터 공무원이 되어야겠다고 마음먹은 것은 아니다. 세상을 많이 경험하고 여러 가지 면에서 나 자신을 들여다보면서 고민과 노력 끝에 평생직장을 만난 것이다.

　직업이란 뜻하지 않게 운명처럼 만날 수도 있다.

2. 노력

목표가 행정직공무원으로 정해지면서 마땅한 학원을 찾기 위해 여기저기 알아보았다.

학원가를 돌아보다가 '50년 전통 다수 합격자 배출'이란 간판이 눈에 띄었다. 우선 간판 내용이 마음에 들어서 학원비를 내고 수강증을 받았다. 이때부터 죽기 아니면 살기로 열심히 공부에 들어갔다.

낮에는 시내 학원과 도서관에서 공부하고, 저녁 시간이 되면 시내버스를 타고 기차역에 내려 열차로 갈아타고 집 근처 역에서 내려 귀가하였다.

그때는 내가 살던 마을이 시골이라 시내 학원가까지 가려면 2시간 정도 소요되었고 왕복 계산하면 대기시간까지 4시간 이상을 열차와 버스 이동 그리고 기다리는 대기시간으로 허비하여야 했다. 열차나 버스를 타면 공부할 쪽지메모를 외웠고 책도 보았다.

집에 도착하면 차디차고 후미진 시골 방이 기다리고

있었다. 그러나 공부할 수 있다는 것만으로도 나는 행복했다. 그 당시 어머니께서 어려운 살림에도 뒷바라지를 열심히 해주셨다.

겨울 차디찬 방에서 지냈던 탓인지 갑자기 열이 나고 몸이 쓰러질 듯이 아팠다. 가래에 피까지 묻어 나왔다. 가슴이 성큼하였다. 여기서 내가 주저앉아야 하나 하고 서글픈 생각이 들었다.

다음날 약국을 찾아가서 약사님에게 증상을 이야기하니 폐렴이라며 아무 걱정하지 말고 지어준 약만 잘 먹으라 했다. 그때만 해도 병원 진료 없이 약을 지을 수 있었던 시절이었다. 약은 3일분이었다. 복용하고 나니 거짓말처럼 병이 나았다.

그 당시만 해도 한창 젊을 때라 무서울 게 없었다. 뭐든지 할 수 있다는 자신감을 가지고 열심히 했다.

몸이 아픈 뒤로는 아침 걷기 운동도 빠지지 않고 꾸준히 했다. 내 모든 정력을 쏟아 합격의 일념으로 열심히 공부했다.

3. 합격의 영광

공부를 시작한 지 1년 6개월여의 시간이 지나면서 시험에 응시했다. 시험 응시는 여러 군데 했다.

응시 시험과목이 비슷한 우체국, 교정직, 행정직이었다. 시험과목은 국어, 영어, 수학, 일반사회, 국사 다섯 과목이었다. 그 당시에 시험 응시자들은 영어와 수학과목을 제일 어려워했다.

나는 평상시 영어에 자신이 있었다. 그리고 수학은 군대 있으면서 중학교 수준의 수학부터 공부를 차분하게 해 놓았다. 기초를 다지기 위해서였다.

시험에 응시할 당시에는 군대 가산점을 적용하던 때였고, 공무원을 대거 모집했던 때라 나에게는 절호의 기회였다.

노력의 결과인지 운이 좋아서인지 그해 거의 같은 무렵에 합격증 2개를 받았다. 내무행정직과 교육행정직 두 군데에 합격했다.

내 인생에 있어 크나큰 기쁨의 날이었다. 우리 집 경사이기도 했다. 그간의 고생이 다 녹아내리는 듯하였다. 이렇게 해서 나는 공무원이 되었다.

합격의 영광은 하루아침에 이루어지지 않는다. 사전에 많은 노력과 끈기와 인내만이 합격이라는 달콤한 열매를 얻는 것이라고 생각한다.

4. 발령

동네 어르신의 충고로 교육행정직에 가기로 하고 내무행정직은 포기하였다.

합격 후 5개월 정도 있다가 전남 해남에 있는 학교로 첫 발령의 공문을 받았다.

어머니는 없는 살림에도 양복 한 벌을 맞춰주셨다. 구두도 새로 사고 완전 새사람이 된 기분이었다.

나는 부푼 꿈을 안고 발령지로 가는 버스에 몸을 실었다. 그때는 도로포장이 되어있지 않아 교통이 불편하던 시절이었다.

지금 같으면 2시간이면 갈 거리를 7시간 이상 가야만 했다. 완전 녹초가 될 판이었다. 그래도 그때는 청춘이었다. 그리 힘들어하지 않았으니까.

버스를 타고 가다 보니 동석한 사람이 어디 가느냐고 물었다. 발령지에 간다고 했더니 자기 친척 되는 참한 여교사가 있다고 중매제의를 해왔다. 참 기분이 좋았다.

그러나 그때만 해도 꿈이 부풀고 혈기가 왕성하던 때라 그렇게 선뜻 마음이 없었다.

이렇게 오랜 시간 버스를 타고 발령지에 도착해 보니 바다가 가까운 시골 중학교와 고등학교가 함께 있는 제법 큼직한 학교였다.

발령지에 도착하여 그날 저녁 환영식 겸 사무실 직원 전체가 회식을 하였다. 회식 자리에서 묵어야 할 하숙집을 소개해 주었다. 미리 연락한 탓도 있지만 학교 서무 과장님이 적극적으로 나서서 친절을 베풀어 주었다.

이렇듯 발령은 자기가 원하지 않은 어느 곳에도 날 수가 있다. 지금은 연고지 중심으로 발령을 한다고 한다.

나는 부푼 꿈을 안고 들뜬 마음으로 머나먼 첫 근무지에서 공직생활을 시작하였다.

5. 결혼

자리를 잡아 근무하다 보니 주변에서 나의 결혼에 대한 관심을 많이 가졌다. 같이 근무하는 여자선생님의 은근한 관심도 있었고, 사무실 여직원 그리고 직원들의 중매제의도 많이 받았다. 지금 생각하면 인기가 절정에 달한 시기였던 것 같다.

그 당시 나는 평범한 가정을 꾸리고 싶었다. 직장여성보다는 시골스런 여인으로 시골에서 어머니를 잘 모실 그런 여자를 마음에 두고 있었다.

때마침 그 학교 학생의 소개로 지금의 아내를 만나게 되었다. 연애하고 사귈 시간도 없이 만난 지 두 달 만에 여자 측의 적극적인 결혼 추진으로 결혼식이 이루어졌다. 발령받은 지 6개월여 만이다.

지금 생각하면 너무 서두른 결혼이었다는 생각이 든다. 6개월의 하숙 생활도 마감 짓고 학교 옆에 작은 셋방을 얻어 신혼살림을 차렸다.

지금 생각해 보면 아쉬움이 남는다. 직장생활하면서 지켜본 결과 같은 직종의 배우자를 만난 부부공무원이 승진할 수 있는 확률이 높아 보였다.

결혼관에 있어 직장을 잡고 나면 자신의 등가가 올라가기 마련이다. 너무 서두르는 것보다 여유를 갖고 사귀는 기간이 필요하다.

좋은 배우자를 선택하는 일은 일륜지대사人倫之大事라 했다. 서두르지 말고 시간을 두고 숙고해서 배우자를 만나야 한다.

6. 객지생활

직장의 근무지가 정해지면 생활권이 직장 중심으로 이루어지게 되어있다. 직장과 가까운 곳에 주거지를 정하고 출퇴근 경로, 여타 생활 리듬이 직장생활과 맞아떨어져야 한다.

나의 첫 발령지는 시골이었기에 시골 단칸방을 얻어 신혼살림을 하였다. 그 이후로 여러 집을 거치면서 달세방을 살았다.

아이들이 태어나고 커가면서 같은 또래의 아이들이 있는 집으로 이사도 했고 이런저런 이유로 많이도 옮겨 다녔다.

대개의 경우 안집과 붙어 있는 경우가 많아서 불편한 점도 많았다. 소음도 그렇고 주인과 서로 마음도 맞아야 했다. 집 없는 서러움이 무엇인지 알 것만 같았다.

두 번째의 발령지에서는 관사가 비어 있어서 관사생활도 해보았다. 관사는 인접 주택들과 떨어져 있어서 조용한 점이 좋았지만 사람과의 왕래가 어려워서 불편한 점도 있었다.

나는 다행히도 세 번째의 발령을 받으면서 도심권인 고향으로 옮겨 왔다.

직장인은 이동의 변수가 있으므로 본의 아니게 객지 생활을 할 수 있다.

때로는 주말부부로 식구들과 떨어져 살아야 하고, 하숙 또는 자취생활을 해야 하는 때도 있다.

직장을 따라 객지생활을 해보는 것도 인생의 한 추억 이라 생각한다.

7. 도심근무

운이 좋았다고나 할까. 고향 가까운 곳으로 발령을 받았다. 그때는 광역시라는 도심권이 없었다. 큰 도시가 시 단위였다.

나는 읍 단위의 지역으로 발령을 받았다. 그런데 공교롭게도 얼마 안 가서 인근 시가 광역시로 승격되더니 내가 근무하던 지역이 광역시로 편입되었다.

그래서 자연스럽게 광역단위 공무원이 된 것이다. 거기에다 우리 마을도 광역시로 들어갔다. 그래서 도심근무가 시작된 것이다.

우선 이곳으로 오면서 무엇보다 지역교육청 근무를 하게 되었다. 지역교육청에서는 일선 기관들을 담당하기 때문에 많은 사람이 근무하였다.

여러 사람과 근무하면서 많은 것을 새롭게 배웠다. 일이 많아서 수 없이 야근도 하였지만, 그에 따른 보람도 있었다. 교육청에 근무한다는 자부심도 있었다.

나는 지역교육청에서 여러 부서를 전전하면서 오랫동안 근무하였다. 업무도 많이 터득하였다.

지역교육청에 근무하면서 일이 늦게 끝나면 동료들과 인근 술집에서 술을 마시는 날도 잦았다. 도심근무의 장점이면서 단점이랄까?

이렇게 학교와 사업소 등을 두루 근무하다가 본청 근무를 하였다. 본청 근무는 희망자를 일정 심사해서 근무하는 곳이었다.

지역교육청과 사업소, 학교 등을 총괄하는 기관이었기 때문이다. 본청에 근무하면서 전체적인 큰 행정에 대해 알게 되었다.

8. 정년

실무자로서 업무에 빠져 바쁘게 살 때는 세월이 안 가는 줄 알았다.

그러나 대개의 경우 50대에 들어서면서 주요부서에서 밀려나 한직으로 나오기 쉽다. 승진이나 영전 등을 통해서 승승장구할 때는 특별한 경우라 볼 수 있다.

그러다 만 60세가 되면 정년을 맞이한다.

정년을 맞이하면 어쩌나 했는데 막상 겪어보니 그런대로 지낼 만했다.

한동안은 정년 했다는 생각이 들지 않았다. 그러나 시간이 지나면서 자연스럽게 적응하게 되었다.

나의 경험으로 보아서는 50대에 정년준비를 해야 한다고 본다. 아무 준비 없이 사회로 나서면 방황하게 된다. 운 좋게 할 수 있는 일이 계속해서 있으면 다행이지만 대개는 백수로 지내기 쉽다.

각종 자격증은 정년 전에 취득하는 것이 좋고, 취미활

동은 빨리 시작할수록 좋다. 정년과 동시에 그 필요성을 절감하게 된다.

정년 후에도 일거리는 많이 있다. 다만 대우를 받는다든가, 좋은 조건을 기대해서는 안 된다.

정년 한 자를 바라보는 사회의 눈은 그리 달갑지 않게 보일 수 있다.

아무 탈 없이 정년을 한다는 것만으로도 행운이며 큰 행복이라고 생각해야 한다.

정년은 제2의 인생 출발이다.

제3장 직장인의 자세

1. 청렴淸廉

청렴에 대한 사전적 정의는 성품과 행실이 맑고 깨끗하며 재물 따위를 탐하는 마음이 없는 상태를 말한다.

일찍이 고려 말 최영 장군의 아버지는 유언으로 "황금 보기를 돌같이 하라"고 말했다고 한다.

나는 직장생활을 하면서 이 말을 마음속으로 수없이 되새겼다. 내 마음에 와닿았기 때문이다.

내가 첫 업무를 맡아본 게 현금수납이었다. 근무시간이면 돈을 매일 만지며 살아야 했다. 만약 이게 돈으로 보였다면 욕심이 발동할 수 있었을 것이다. 그냥 돈을 종이 다발로 생각하고 취급하였다.

요새도 청렴이 매우 강조되고 있다. 업무 추진 중에도 청렴이란 단어를 수없이 본다. 아예 액자로 벽에 걸어놓은 직장도 있다. 청렴은 백번을 강조해도 지나치지 않는다.

무엇보다 청렴은 본마음에서 우러나와야 한다. 눈치

보는 청렴은 강조한들 의미가 없다.

청렴자세가 흐트러져 법에 어긋난 나쁜 일을 자행하거나, 청탁에 의한 금품수수, 서류위조, 뇌물제공, 부탁 등에 의한 부당한 공무처리를 하다가 발각되면 자신의 직장을 순식간에 잃을 수도 있다.

징계를 받아 불미스러운 행정처분을 받을 수도 있으며, 심할 경우 형사사건으로 처리될 수도 있다.

능력이 아무리 뛰어나고 두뇌가 좋다 하더라도 청렴하지 못하면 직장에서 순조롭게 정년을 맞이하기 어렵다.

물품 거래 시에 업자로부터 돈이나 물품 또는 접대를 받는 경우, 평소에 잘 아는 업자와 수의계약으로 결탁하는 행위, 거래업자와 짜고 계약금액을 부풀려서 서류 작성하여 횡령하는 경우, 공금을 잠시 빼다가 개인 용도로 유용하는 경우, 현금 수납하여 납부해야 할 금액을 제때 입금 처리하지 않고 지체하여 개인 용도로 사용하다 입금하는 경우, 승진 부탁이나 명절에 인사치레를 위해 돈 봉투나 선물 등을 주고받는 경우, 인사 청탁이나 업무처리 청탁을 하는 경우 등 그 부정유형은 수없이 많다.

청렴한 자세를 갖추게 되면 우선 나 자신이 편하고 떳떳하다.

부정한 행위는 숨기려 해도 서류나 현장을 통해 눈으로 보이고, 행동이나 말투 등을 통해 분위기를 감지할 수 있으며, 대화 내용이나 소문을 통해 알 수 있다.

자신은 잘 숨긴다고 하더라도 남들은 알고 있을 수 있다는 것이다. 이렇듯 부정행위에 대한 비밀을 지키기는 힘들다.

다음은 청렴에 반하는 부정유형에 대해 알아보도록 하자.

2. 공무상 부정행위 유형

□ 횡령

타인에게 소유권이 있는 재물을 보관하는 사람이 그 재물을 불법으로 이용하거나 처분하거나, 또는 그 반환을 거부함으로써 성립하는 죄이다.

공금을 부정한 방법으로 지출하게 하여 수령하는 경우이다. 그 예로는 공금을 속임 등의 방법으로 인출해서 착복着服하는 경우가 있다.

부정한 방법으로 공금을 수령하거나 착복해서는 안된다.

□ 유용

남의 금전이나 물품을 허가 없이 다른 일에 돌려씀을 말한다. 통장에 있는 공금을 무단 인출하여 개인용도로 사용하고 다시 입금시켜 놓는 경우이다.

어떤 일이 있더라도 공금을 임으로 사용하여서는 안 된다.

정당한 절차와 적법한 서류에 의하여 현금 인출이 되어야 한다.

□ 지체사용

수납한 돈을 공금통장에 즉시 입금처리 하지 않고 가지고 다니면서 사용하다가 뒤늦게 공금통장에 입금하는 경우이다.

공금은 수납 즉시 수입처리 하여야 한다. 입금처리가 지체되어서는 안 된다.

□ 뇌물수수

뇌물의 사전적 의미는 사사로이 이용하거나 이권을 얻을 목적으로 일정한 직무에 종사하는 사람을 매수하기 위하여 넌지시 주는 부정한 돈이나 물품 등을 주고받는 일체의 행위를 말한다.

거래의 대가로 업자로부터 돈 봉투나 물품을 받는 행

위 또는 향응을 제공받는 행위, 건축물의 준공검사나 감리 시에 하자 무마를 위하여 금품이나 향응을 제공하는 행위 등 그 사례는 수없이 많다.

뇌물의 유혹은 언제 어디에서고 갖가지 형태로 교묘하게 따라다닌다.

달콤한 유혹에 빠지지 않도록 항상 경계해야 한다.

□ 청탁請託

청탁의 사전적 의미는 청하여 남에게 부탁하는 것을 말한다.

청탁이 이루어지는 경우는 아는 사람과의 관계나 협조 이해관계에 있는 자 그리고 상관 등 여러 사람의 유형이 있다.

우리나라의 경우 청탁금지법이 있지만 잘 지켜질지 의문이다. 대개의 경우 부정 사실이 잘 나타나지 않기 때문이다.

청탁은 뇌물을 받지 않아도 들어줄 경우 문제가 된다. 선의의 피해자가 발생하기 때문이다. 따라서 공정한 업무수행이 어렵게 된다.

청탁 분야는 열거하기가 어렵다. 대부분의 모든 업무 분야에 해당되기 때문이다.

청탁에는 대개의 경우 뇌물성 금품이 관여되기 쉽다.

청탁은 청렴이행에 반하는 부분이지만 지켜지기가 쉽지 않다. 구성원들의 신상에 관한 문제부터 전 분야에 걸쳐 무언의 암시적 관행관계가 형성되어 있을 수 있기 때문이다.

부정청탁으로 문제가 되면 징계와 함께 과태료 부과 그리고 형사처벌까지 받을 수 있다.

직장동료나 상관 그리고 지인 등으로부터 수없이 들어오는 부탁을 어떻게 거절할 것인지에 대한 현명한 판단이 요구되는 부분이다.

□ **배임행위**背任行爲

다른 사람의 사무를 처리하는 사람이 그 임무에 위배되는 행위를 함으로써 재산상의 이익을 얻거나, 제 삼자로 하여금 이익을 얻게 하여 임무를 맡긴 본인에게 손해를 입히는 행위이다.

배임과 횡령은 그 뜻이 비슷하여 혼동될 수 있다. 횡령은 재산을 관리하는 자가 재물을 가로채는 행위를 말한다. 배임은 재산을 이용하여 부정한 이득을 취함을 말한다. 배임행위의 예로 경쟁업체에게 돈을 받고 자신의 회사에 영업 비밀을 유출하는 경우이다.

□ 선물 수수

선물 수수의 경우는 업자나 이해관계인의 경우도 있지만 직장 내에서도 공공연하게 감사의 의미나 명절 인사로 이루어진다.

그러나 법으로는 주어서도 안 되고 못 받게 되어있다. 선물을 주고받다 걸리면 징계를 받는다.

인사치레로 금품 등을 제공하다가 적발되어 피해를 보는 사례가 많다. 주의하여야 한다.

□ 가사조력, 서비스제공

업자가 집에 일을 도와준다거나 업자에게 도와주도록

부탁하는 경우, 각종 서비스를 무료 제공하는 경우에도 청렴의무에 위배될 수 있다.

□ 공용물의 불법사용

공공시설의 물품이나 시설을 개인용도로 무단 사용하는 경우도 청렴의무에 위반된다. 관용차량을 개인용도로 사용하는 경우 등이다. 업무카드를 개인 용도로 불법 사용해도 안 된다.

□ 과도한 경조사 부조

윤리지침을 마련하여 경조사 부조금액의 상한선을 정하기도 하지만 일반적인 금액 이상으로 많은 금액을 부조하거나 받으면 청렴의심의 대상이 될 수 있다.

3. 직장예절禮節

예절이란 예의와 범절을 이르는 말이다. 예의는 남의 인격을 존중하고 경애하는 정신을 말과 행동으로 나타내는 공동체의 규정관계이다. 즉 서로 상대방에게 갖추어야 할 말투나 몸가짐 또는 행동 따위이다.

범절은 일상생활의 모든 일의 순서나 절차이다. 즉 말투나 몸가짐, 행동에 대한 형식이다.

예절이란 대인관계에서 공통적으로 이해되는 방법, 즉 관습적으로 이루어지는 사회계약적 생활규범이므로 사람이 인간으로서의 자기관리와 사회인으로서의 대인관계를 원만하게 유지하기 위해서 필요하다.

예절은 사람다움을 지니기 위한 자기관리 기능과 남과 원만하게 어울리기 위한 대인관계 기능이 있다.

직장예절이란 직장인으로서 자기관리와 대인관계를 원활하게 수행하기 위한 공동목표로 직장에서 지켜져야 할 생활 규범을 말한다.

□ 직장인으로서 정신예절 자세

(1) 스스로 선택한 직장이라는 능동적인 자세

(2) 직장을 위해 무엇을 할 것인가를 생각하는 자세

(3) 직장에서 필요한 사람이 되어야겠다는 자세

(4) 직장의 성패가 나 자신과 관계되어 있다는 자세

(5) 밝은 표정으로 항상 즐겁게 일하는 자세

□ 직장인으로서의 몸가짐

(1) 근무 자세는 정성스럽고 참된 성실의 몸가짐이 보여야 한다.

(2) 일 처리는 마음이나 행동이 들뜨지 않고 차분하게 침착한 몸가짐으로 임해야 한다.

(3) 업무는 생기 있는 몸가짐으로 임하여야 한다.

(4) 민원인을 접할 때는 겸손한 몸가짐을 가져야 한다.

(5) 실무는 정확하고 민첩하게 처리하는 몸가짐을 가져야 한다.

□ 용모

용모는 사람의 얼굴과 신체의 모습 및 차림새를 말한다. 용모는 심성의 표현이며 그 사람의 첫인상이다.

나폴레옹은 "사람은 옷을 입은 대로의 사람이 된다"고 하였다. 즉 옷차림이 그 사람의 행동을 결정짓고 행동은 의식을 좌우하며 그 의식은 운명을 결정지음으로써 결국 그 사람의 장래와 연결된다는 것이다.

직장에서의 옷차림은 개성을 나타내기보다는 전체의 흐름이나 상황에 맞추어 입어야 한다.

직장 유니폼 복장이 있는 경우에는 문제가 안 되지만 개별적으로 알아서 입는 경우, 몸차림이나 옷차림이 직장의 이미지를 나타낼 수 있다.

머리를 단정히 하고 남성의 경우 수염관리나 여성의 경우 화장 등 몸차림이나 옷차림에 신경을 써야 한다.

옷차림은 직장 내의 지침에 따르는 것이 무난하다고 본다.

□ **인사예절**

인사는 서로 간의 호의관계를 보이는 의사표시이다.

인사하는 방법은 여러 가지가 있다. 말로 하는 인사, 몸짓으로 하는 인사, 눈 표정으로 하는 인사, 선물을 주고받는 인사 등 인사 방법도 다양하다.

인사말 자체도 형식이 없다. 분위기나 상황에 따라 다양하게 구사할 수 있다.

인사를 나누는 대상도 다양하다. 남녀노소, 연령, 인종, 지위 등 여러 종류의 사람들과 인사를 한다.

인사는 누가 먼저 하느냐 그 순서도 없다. 흔히 인사는 아랫사람이 윗사람에 하는 것으로 배웠다. 그러나 지금은 먼저 본 사람이 할 수 있다.

예로부터 인사는 자본을 들이지 않는 투자라고 하였다. 돈이 들어가지 않으면서 사람들의 마음을 얻을 수 있는 것이다.

직장에서 서로 인사를 나누는 행위는 중요하다. 인사는 직장 분위기를 기분 좋게 만드는 마력이 있다.

인사말은 명랑하고 즐거운 마음으로 힘차게 하여야 한다. 하루 일과를 인사로 시작해서 인사로 끝난다 해도 과언이 아니다.

민원인에 대한 인사는 아주 중요한 역할을 한다. 서로

간에 긴장을 풀어주고 힘을 북돋아 준다. 따라서 서로 기분이 좋아진다.

윗사람에게 결재하러 갈 때도 목례를 하고 나올 때도 목례를 하면 좋다. 이건 아부가 아니라 직장예의라고 본다. 인사는 만날 때마다 여러 번 할 수 있다. 인사말은 언제 어디서 들어도 기분이 좋다.

인사만 잘해도 직장에서 돋보이는 사람이 될 수 있다.

□ **대화예절**

직장에서 근무하면 같은 직원끼리만 대화하는 게 아니다. 직장과 관련된 여러 부류의 사람과 대화를 나누게 되어있다. 직원 하나하나가 직장을 대표하는 이미지를 나타낼 수 있다.

경우에 따라서는 직원 한 사람의 불친절한 행동이나 말로 고객을 놓치거나 회사에 손해를 끼칠 수도 있으며 회사의 이미지까지 손상을 끼칠 수 있다. 단순히 지나칠 일이 아니다.

공공기관에서는 민원을 발생하게 하여 여러 사람이

시달림을 당할 수도 있다.

　대화예절에 대해 몇 가지 살펴보자.

　(1) 대화를 할 때는 상대방의 눈을 보고 말한다. 상대방을 주시하지 않고 이야기를 하면 성의 없어 보이거나 무시하는 것 같아서 상대방이 불쾌하게 생각할 수 있다.

　(2) 먼저 상대방의 말을 충분히 듣고 말한다. 대화 중간에 말을 막으면 오히려 이야기가 길어지고, 상대방이 불쾌하게 생각할 수 있으며, 일의 내용을 정확히 파악할 수가 없다.

　(3) 표준말과 쉬운 우리말을 사용한다. 어려운 외국어나 알아듣기 거북한 사투리는 말 흐름의 이해를 방해할 수 있다.

　(4) 상대방을 헐뜯거나 약점을 말하면 안 된다. 바로 감정이 복받쳐 말다툼이나 몸싸움으로 번질 수 있다. 참는다고 하더라도 두고두고 앙금으로 남아 관계가 멀어질 것이다.

　(5) 때에 따라서는 신체언어를 활용한다. 적당한 손짓과 몸짓, 그리고 미소 짓는 얼굴 등 표정관리를 통해 대

화의 효과를 올릴 수 있다.

(6) 유머를 활용한다. 대화의 분위기를 살릴 수 있는 유머를 적절히 활용하면 더욱 좋다.

(7) 상대방의 인격을 존중해 주고 겸손하게 말한다. 상대방을 무시하거나 강압적인 자세를 취하면 대화를 나누기가 어려울 것이다. 민원인에게는 불쾌한 감정만을 만들어 줄 것이다.

(8) 요점이나 중요한 말은 다시 반복해서 말한다.

(9) 사용하는 말씨는 존댓말을 사용한다. 민원인이나 손님을 상대할 때에는 나이가 어려 보인다고 반말투를 사용하면 안 된다. 원칙적으로 존댓말을 사용하여야 한다.

(10) 호칭은 상황이나 분위기를 봐서 적절한 용어를 선택하여 사용한다.

□ **전화예절**

전화 응대 예절도 회사 이미지 부각에 중요한 부분을 차지한다. 공공기관에서는 응대요령에 대하여 교육도 하고 매뉴얼 책자도 배부할 정도이다.

전화는 민원인들과 대하는 경우가 많다. 민원이 많은 부서에서는 전화 받는데 근무시간을 다 보내는 경우도 있다.

전화 응대 요령에 대하여 알아보자

(1) 전화를 받을 때는 메모장을 준비해 두어야 한다. 민원인의 경우 거의 모든 사항이 메모할 일이다. 기억은 한도가 있으므로 반드시 메모장을 사전에 준비해 놓아야 한다.

(2) 전화를 받고 첫 응대가 중요하다. 민원인 입장에서 친절한 목소리가 들려야 기분이 좋아진다. 수화기를 들면 먼저 인사말을 하고 그다음 소속기관과 관등성명官等姓名을 말해야 한다.

(3) 응대는 간결하고 또박또박해야 한다. 바쁘다는 이유로 알아듣지도 못할 정도로 빨리 말하는 경우가 있다. 불쾌하기 짝이 없다. 설명하는 부분도 묻는 말 중심으로 간결하게 표현해야 한다.

(4) 통화 음성은 적당한 톤을 사용한다. 목소리가 너무

커도 안 되고, 너무 작아도 안 된다.

(5) 응대가 끝나면 마지막 인사말을 한다. "감사합니다", "고맙습니다", "수고하십시오" 등의 인사말을 한다.

(6) 통화가 끝났을 때는 전화기를 서서히 놓는다. 원칙적으로 전화를 건 측에서 먼저 내려놓아야 한다.

(7) 근무시간 중 사무실에서 사적인 통화를 오래 하는 것도 실례이다. 개인적인 통화는 휴대폰을 이용해 밖으로 나가서 하는 게 예의이다.

□ 대인관계 예절

직장에 들어서면 상하관계의 서열이 결정되어 있고 이에 따라 책상 배치가 이루어져 있다.

상하관계가 결정되면 무엇보다 중요한 것이 호칭 문제이다. 기관 특성에 따라 개인별로 직위나 직책, 직급의 명칭이 주어지고, 이에 따라 호칭을 불러 주어야 한다. 호칭 끝에 '님'자를 붙여 부른다.

이렇듯 상하관계가 정해지면 그에 따라 응대하는 태도도 달라져야 한다. 상급자나 상관은 그에 상응한 대우를 해야 한다. 아부의 개념과 다르다. 직장 내 위계질서의 문제이다.

어느 조직에서나 이런 위계질서를 소홀히 하려는 사람이 있다. 직장근무를 편하게 지내기 위한 수단이라고 생각하기 때문이다. 그러나 이러한 발상은 아주 위험하고 잘못된 발상이라 본다.

만약에라도 위계질서가 무너져 무질서한 직장이 된다면 좋을 것 같아도 오히려 능률이 저하되고 안전사고 발생 위험이 있는 등 직장에 혼란스러운 분위기만 조장할 뿐이다. 책임자 무능만 따질 게 아니다.

직장을 살펴보면 직장 분위기를 흐트러뜨리는 미꾸라지 같은 사람이 있다. 선동하기 좋아하고 불평불만을 일삼는 사람이다.

직장 분위기는 누구 하나에 좌지우지되어서는 안 된다. 또한 이런 선동에 따라줘서도 안 된다.

직장 내에서의 단합과 위계질서가 무엇보다 중요하다고 본다. 위계질서는 누가 만들어 주는 것이 아니다. 직장인 스스로가 단합된 마음에서 서로를 존중하고, 나의 편안함을 추구하기보다 직장을 위해서 열심히 일하려는 마음가짐이 있어야 한다.

직장에서 모두가 편하게 부담 없이 근무하는 것도 있지만 직장이라는 곳은 업무가 일사불란하게 추진되어야 한다. 긴장이 풀어져 누군가 자기가 맡은 일을 처리하지 못하거나 실수를 하면 본인은 물론 상사에게도 책임이 따르고 직장에도 타격을 준다. 부하의 잘못으로 문책을 당하거나 징계를 당하는 경우도 있다.

상급자가 너무 좋다는 평을 듣는 것도 안 좋아 보인다. 상급자는 상급자대로 책임이 주어지는 일에는 부하직원을 관리·감독하고 잘못된 부분에 대해서는 과감하게 질책도 하여야 한다.

부하직원도 상급자 눈치만 볼 게 아니라 자기가 맡은 업무에 대해서 스스로 책임지고 임무완수에 노력해야 한다.

직장에서 대인관계를 4가지로 나누어 볼 수 있다.

(1) 상급자에 대한 예절

① 직책명에 '님'을 붙여 부른다.

② 상사로부터 업무지시를 받으면 메모하고 정확히

처리한다.

③ 상급자가 부를 때는 필기도구와 업무수첩 등을 가지고 간다.

④ 상급자와 걸을 때도 뒤에서 따라 걸어야 한다. 앞서 걷는다든지 나란히 걸으면 안 된다.

⑤ 자리 배치나 안내 등에서는 상급자 자리를 우선 배려한다.

(2) 하급자에 대한 예절

① 상급자는 하급자의 모범이 되도록 처신하여야 한다.

② 직급이나 직책이 있는 경우 그것을 호칭으로 삼는다. 경우에 따라서는 "~선생", "~씨"라고 부르기도 한다.

③ 하급자가 나이가 많은 경우 나이에 맞게 대접한다.

④ 부하의 인격을 존중하여야 한다.

⑤ 사사로운 일을 시키지 않는다.

(3) 동급자에 대한 예절

① 동료이며 협력자의 관계이다.

② 형님, 동생하며 친하게 지내기도 한다.

③ 서로 모여서 상사를 비평하거나 흉보면 안 된다.

(4) 민원인(외부인)에 대한 예절

① 모든 민원인은 친절하게 안내하고 맞이한다.

② 민원인의 방문사유에 따라 최선을 다해 처리한다.

③ 지체될 때는 양해를 받는 등 배려하는 자세가 필요하다.

④ 민원은 먼저 온 순서에 따라 처리한다.

⑤ 까다로운 민원은 양해를 받아 뒤로 미루거나 다른 직원의 협조를 받아 처리하고, 처리하기 쉬운 민원부터 처리한다.

□ **근무예절**

(1) 출근시간과 퇴근시간은 철저하게 지킨다. 사정이 있어 늦으면 전화 등을 통해 사유를 보고하고, 근무 중 조퇴나 외출할 때는 상사의 허락을 얻는 결재를 받고 직장을 나와야 한다.

휴가, 병가에도 미리 상사의 결재를 받아야 한다. 부득

이한 경우에는 동료가 결재 처리를 대신할 수 있다. 사후에 그에 관한 증빙서류를 제출하여야 한다.

(2) 근무시간 내에는 사적인 일을 하지 않고 직무에 전념하여야 한다.

(3) 근무시간 중에는 사무실 내에서 잡담이나 양치질하는 행위, 가래를 뱉는 행위 등 눈에 거슬리는 행동을 하지 않아야 한다.

(4) 근무시간 중에 사무실에서 텔레비전을 본다든지 음악을 듣는다든지 하여, 옆에 일하는 직원들의 업무를 방해해서도 안 된다.

4. 기타

□ 봉급생활자의 자세

봉급생활자는 월수입이 대부분 고정되어있다. 고정 수입에서 생계비를 제하고 나면 여유 있게 쓸 돈은 그리 많지 않다. 거기에다 저축까지 생각하면 더욱 생활이 빠듯해진다. 여기에서 다른 이변이 없으면 그나마 일정한 자금을 모을 수 있지만 갑작스럽게 지출해야 할 상황이 닥치면 목돈 마련이란 더욱 어려워진다.

따라서 봉급생활자는 안정된 삶을 추구할 수밖에 없다고 본다.

여윳돈이 모이면 평상시 생각했던 곳에 쓸 수도 있지만 재투자를 해서 자금을 늘릴 방법을 찾기도 한다.

자금 증식 방법으로 주식이나 펀드를 할 수 있지만 위험부담이 따를 것 같다. 따라서 자금 증식은 여러 사람의 상담이나 의견을 들어 가장 안전한 방법으로 투자나 저축을 해야 한다.

때로는 고수익을 조장하는 유혹에 빠져 사기에 휘말려 들기도 한다.

봉급생활자는 풍부한 삶보다는 건전하고 근검절약하는 자세를 갖추어야 하며, 수입 내에서 행복을 찾아야 한다. 남들이 하는 여러 가지 행위에 현혹되지 않는 굳건한 마음자세가 필요하다.

봉급자의 행복은 물질적인 풍부에서 찾기보다는 마음의 풍요를 찾음이 현명하지 않을까 생각한다.

□ 근검절약 정신

직장에 근무하다 보면 전기, 물, 소모품 등 공용물을 많이 사용한다. 자칫 내 것이 아니라는 안일한 생각에 함부로 쓰거나 관리를 소홀히 하는 경우가 있다.

내가 근무하던 시절에는 윗분들이 근검과 절약을 입버릇처럼 강조하였다. 성실한 직장인이라면 마땅히 근검절약 정신을 가져야 한다고 본다.

필요 이상의 전등을 켜고 있지 않은가, 수돗물은 잘

잠겨 있는지 등등 수시로 주변을 살펴보아야 한다.

개인 전열기구인 전기난로, 전기방석, 전기담요 등의 사용은 자제하여야 한다.

소모품도 아껴 쓰고 비품관리도 잘하는 직장인으로서 물자절약과 에너지 관리에 솔선수범하는 자세를 가져야 한다.

□ 저축하기

다달이 봉급을 받아 생활하는 직장인은 평상시에 저축해 놓지 않으면 목돈이 필요할 때 어려움을 겪는다.

돈이 필요할 때는 은행에 담보로 대출하거나 지인들에게 사정하여 필요한 돈을 융통하기도 하지만, 경험상 고정된 수입에서 큰 목돈을 갚아내기란 쉬운 일이 아니다.

그래서 나는 저축을 권하고 싶다. 월수입에 10% 이상은 저축해야 한다. 모아진 돈은 아주 급한 경우가 아니면 연금처럼 생각하고 소비할 생각을 하지 말아야 한다.

모아진 돈으로 어설픈 투자보다 가장 안전한 방법으로 자금을 관리하여야 할 것이다.

직장인은 수입이 거의 고정되어있으므로 소비예측이 가능하다. 수입을 토대로 하여 소비계획을 세워 지출하는 것이 현명하다고 본다.

나는 저축하여 모아진 돈을 퇴직 후 연금저축하여 사용한 경험이 있다. 아주 유용하게 돈을 사용할 수 있었다.

가계부를 써보는 것도 좋다. 전체적으로 돈의 소비 흐름을 읽을 수 있어서 반성하고 개선할 수 있는 자료로 활용할 수 있다.

□ 직장에 전념하라

직장전념에 관한 사항은 앞의 「근무예절」에서 다루었지만 다시 한번 더 자세하게 서술하려고 한다.

우리가 직장에 근무하는 이상 그 직장에 전념할 책무가 있다.

직장에서는 그 직장 고유 업무를 빈틈없이 처리하여야 하고 그 행위가 계속 유지되어야 한다.

생산을 목적으로 하는 회사의 경우에도 근무시간 내

에 질적으로나 양적으로 더 많은 실적을 원할 것이다.

직장인으로서 이런 사항을 만족하려면 무엇보다 먼저 직장에 전념하여야 한다. 때로는 퇴근해서까지도 업무가 연속적으로 뇌리에 남아서 생각되어야 하는 수도 있다.

직장에서 여유시간이 있다고 동료들은 열심히 일하고 있는데 자신은 신문을 펼쳐 놓고 본다든지, 교양서적을 읽거나 개인 자격 공부를 한다든지, 컴퓨터 게임 등의 사적인 일은 하지 않아야 한다.

이런 여유시간이 있다면 업무연구에 대한 자료를 찾아 공부한다든지, 동료직원의 바쁜 일을 돕는다든지, 직장 주변 순회나 일정 장소 점검을 한다든지, 주변 정리정돈과 청소를 하는 등 일거리를 찾아 스스로 일하는 성실한 근무 자세가 필요하다.

어떤 직장인은 부업으로 제2의 직장을 갖는 이도 있다. 조심스러운 부분이라고 본다.

직장인은 퇴근 후에 충분한 휴식을 취해서 다음 날 근무에 지장이 없어야 하고, 직장의 비상사태 시에는 언제라도 응해야 하는 긴장 상태가 요구된다.

그러나 이런 부분들을 잘 지켜내기는 쉬운 일이 아니다. 다소간에 자기 시간을 갖거나 돈벌이를 하더라도 직장에 전념해야 한다는 원칙은 직장인으로서 가슴에 새겨야 한다.

□ 정치적 중립

헌법 제7조 제2항 공무원의 정치적 중립보장, 국가공무원법 제15조 정치운동 금지, 국가공무원복무규정 제27조, 지방공무원 복무규정 제9조에 공무원은 정치적 중립을 가지도록 명시되어 있다.

이는 어느 정당에 휩쓸리지 않고 원칙을 고수하며 업무를 추진하는 자세를 보장하는 것을 말한다.

따라서 공공기관이나 공공장소에서 특정 정당을 비판하거나, 지지하는 발언을 해서는 안 된다.

그러나 각 기관에서 이런 사항들이 잘 지켜지고 있는지는 의문이다,

공무원이 공공장소에서 언론의 자유와 표현의 자유 이전에 정치적 중립을 훼손하는 발언이나 행동을 하여

서는 안 된다.

국가의 중추가 되어야 할 공직자가 정치적 중립을 지키지 않는다면 국가의 근간이 흔들려서 어떠한 기강도 세우기 어려워질 것이다.

앞서 우리 역사에서 보았듯이 당파싸움에 국가 기강이 약해지면 외세의 침략에 저항할 힘도 약해지고 나라는 혼란에 빠질 수 있다.

공무원은 정당 간의 싸움에 절대 관여해서는 안 되고 업무처리 면에서나 근무 기강 면에서 정치적 중립 자세를 취해야 한다.

□ 공무원의 의무와 금지행위

국가공무원법 제55조 내지 제66조 내용은 매우 중요하다 생각되어 발췌해 보았다. 이 내용은 다른 공무원에게도 준용되어 적용되며, 일반 회사에서도 이 법의 내용을 내규로 정하여 사용하는 경우가 있다.

(1) 선서의 의무

공무원은 취임할 때에 소속 기관장 앞에서 선서宣誓하

여야 한다. 다만, 불가피한 사유가 있으면 취임 후에 선서하게 할 수 있다.

(2) 성실의 의무

모든 공무원은 법령을 준수하며 성실히 직무를 수행하여야 한다.

(3) 복종의 의무

공무원은 직무를 수행할 때 소속 상관의 직무상 명령에 복종하여야 한다.

(4) 직장 이탈 금지

공무원은 소속 상관의 허가 또는 정당한 사유가 없으면 직장을 이탈하지 못한다.

수사기관이 공무원을 구속하려면 그 소속 기관의 장에게 미리 통보하여야 한다. 다만, 현행범은 그러하지 아니하다.

(5) 친절·공정의 의무

공무원은 국민 전체의 봉사자로서 친절하고 공정하게 직무를 수행하여야 한다.

(6) 종교 중립의 의무

공무원은 종교에 따른 차별 없이 직무를 수행하여야

한다.

공무원은 소속 상관이 위 내용에 위배되는 직무상 명령을 한 경우에는 이에 따르지 아니할 수 있다.

(7) 비밀 엄수의 의무

공무원은 재직 중은 물론 퇴직 후에도 직무상 알게 된 비밀을 엄수嚴守하여야 한다.

(8) 청렴의 의무

공무원은 직무와 관련하여 직접적이든 간접적이든 사례·증여 또는 향응을 주거나 받을 수 없다.

공무원은 직무상 관계가 있든 없든 그 소속 상관에게 증여하거나 소속 공무원으로부터 증여를 받아서는 아니 된다.

(9) 외국 정부의 영예 등을 받을 경우

공무원이 외국 정부로부터 영예나 증여를 받을 경우에는 대통령의 허가를 받아야 한다.

(10) 품위 유지의 의무

공무원은 직무의 내외를 불문하고 그 품위가 손상되는 행위를 하여서는 아니 된다.

(11) 영리 업무 및 겸직 금지

공무원은 공무 외에 영리를 목적으로 하는 업무에 종사하지 못하며 소속 기관장의 허가 없이 다른 직무를 겸할 수 없다.

(12) 정치 운동 금지

공무원은 정당이나 그 밖의 정치단체 결성에 관여하거나 이에 가입할 수 없다.

공무원은 선거에서 특정 정당 또는 특정인을 지지 또는 반대하기 위한 다음의 행위를 하여서는 아니 된다.

① 투표를 하거나 하지 않도록 권유 운동을 하는 것

② 서명 운동을 기도企圖·주재主宰하거나 권유하는 것

③ 문서나 도서를 공공시설 등에 게시하거나 게시하게 하는 것

④ 기부금을 모집 또는 모집하게 하거나, 공공자금을 이용 또는 이용하게 하는 것

⑤ 타인에게 정당이나 그 밖의 정치단체에 가입하게 하거나 가입하지 아니하도록 권유 운동을 하는 것

공무원은 다른 공무원에게 위 내용에 위배되는 행위를 하도록 요구하거나, 정치적 행위에 대한 보상 또는 보복으로서 이익 또는 불이익을 약속해서는 안 된다.

(13) 집단 행위 금지

　공무원은 노동운동이나 그 밖에 공무 외의 일을 위한 집단 행위를 하여서는 아니 된다. 다만, 사실상 노무에 종사하는 공무원은 예외로 한다.

제4장 업무처리에 대한 의견

제4장 업무처리에 대한 의견

업무에는 수만 가지가 있다. 이런 업무들을 다 열거하여 해설할 수는 없고 여기에서는 업무를 추진하면서 느낀 기본적인 사항만을 개괄적으로 설명하려 한다.

업무를 잘 처리하는 능력자나 실력자 또는 전문가가 되기 위해서는 부단한 노력이 필요하다.

인사발령에 의하여 직장에 배치되면 사무분장에 의하여 담당업무를 배정받게 된다. 업무 추진의 기본적인 사항에 대해서는 근무하면서 적응해야 한다. 옆에 동료직원들이 친절하게 안내해 줄 것이다.

□ 신규직원 소양교육

대부분 처음 직장에 입사하면 일정한 교육연수 절차가 있다. 이런 연수에서 전반적인 업무처리 방식을 소개받을 것이다. 처음에는 들어도 생소하고 아무리 봐도 이해가 쉽지 않다. 용어도 처음 들어보는 말이 많고 내용도 생소할 수밖에 없다.

그러나 처음이라고 봐 주는 것은 없다. 연수 끝에 시험도 볼 수 있기에 열심히 공부하여야 한다. 이 시험 점수가 후일 승진할 때 근무평정 점수에 가산될 수 있다.

□ 현장실무 습득하기

현장에서 이제까지 해왔던 선배들에게서 설명을 잘 듣고 철저하게 실무를 배워야 한다. 메모는 필수이고 이해가 갈 때까지 설명을 잘 듣고 배워나가야 한다. 자기에게 맡겨진 업무를 당장 처리하려면 필사적이어야 한다.

요즈음은 모든 업무가 전산으로 처리된다. 전산을 통하지 않고 수기하여 처리하는 일은 현장일지나 기타 간단한 업무처리 방식이 예외적으로 생길 뿐이다.

업무에 관한 공부는 하루아침에 되는 것이 아니다. 많은 시간을 두고 연륜과 경력을 쌓아가면서 발전하게 되는 것이다.

□ 기존의 처리방식 파악하기

관련 업무에 대해 기존에 처리했던 서류들을 다 들여다보고 연구하여야 한다. 이제까지 어떻게 처리했는지 세세하게 파악해야 한다. 업무에 관한 공부는 교과서가 따로 없다. 기존의 서류를 보면서 배울 수밖에 없다. 실무교재가 있긴 하나 이해하는 데 도움이 될 뿐 업무를 직접 처리하는 데 있어서는 한계가 있다.

□ 직무교재, 참고자료 공부

기관이나 직장에서 발간한 실무교재들이 많이 있을 것이다. 지침서 등 수없이 많은 직무교재를 발간한다. 이런 교재들을 구해서 많이 읽어봐야 한다. 이런 자료들을 부지런히 공부하다 보면 어느새 전문가가 되어있을 것이다. 교재에는 업무 관련 판례집, 사례집, 감사지적 사례집, 업무 해설집, 각종 연수교재 등 다양하게 많다.

□ 각종 법령 공부하기

법령집을 시간 나는 대로 보아야 한다. 법령집은 소설 책처럼 단숨에 읽어보기는 어렵다. 시간을 두고 업무와 관련해서 관련 규정을 꼼꼼하게 읽어보는 습관을 들여야 한다.

모든 업무처리를 할 때는 그 근거로 법조항을 명시하게 되어있다. 법조항 공부를 하다 보면 실무에서 꼭 필요하다는 것을 알게 될 것이다. 기안문 작성이나 회의자료 작성 시에 필수적으로 들어가는 게 관계법 조항이다.

□ 각종 위원회 활용

중요한 업무를 처리함에 있어서는 신중을 기해야 하고, 결과에 따라 책임이 따라야 한다. 이때 위원회를 조직하여 활용하면 좋다.

추진하고자 하는 일의 성질에 따라 위원회 위원의 자격을 심사하여 위촉하고 위원들에게 그 업무에 대해 자세하게 설명한다. 그런 다음 위원들의 개별의견을 들어 업무의 추진방향이나 결정방향을 잡는 데 도움을 받는 방식이다.

위원회의 기능으로 업무의 투명성을 확보할 수 있다. 의견 수렴 과정과 전문가로부터 업무의 검토과정도 확보할 수 있다. 다음으로 책임자나 담당자의 결정에 따른 책임을 어느 정도 벗어날 수 있다.

□ 기안문 작성

업무에 있어 기안은 직장인이라면 모두 작성할 수 있어야 한다.

기안은 직장의 의사결정을 문서화하는 수단이다. 그리고 일종의 편지형식으로 외부에 전달하기도 한다. 기안문을 잘 작성하여야 기관의 품위가 서고, 의사전달 수단이 되며, 협조나 요구 사항에 대한 성사를 판가름하기도 쉽다.

기안문을 작성하기 위해서는 추진하고자 하는 업무에 대해 이해가 따라야 하고 추진방향이나 결정내용이 상세하게 나타나 있어야 한다.

기안문은 실무자부터 중간결재자, 협조자, 최종결정권자의 서명 등에 의한 인증절차가 있어야 하고 결재가 완료되면 공문서로서 성립하게 된다.

　공문서로 성립된 기안문을 함부로 폐기나 훼손 또는 변경하는 경우에는 불법적인 범죄행위로 징계는 물론이거니와 민·형사상의 책임을 져야 할 수도 있다.

　공문서는 튼튼한 보관함에 보관해 두어야 한다. 전산망의 경우에는 비밀번호나 암호로 외부인의 접근을 막아야 한다.

　기안문 작성 시에는 다음의 절차에 의한다.

　(1) 지시내용을 정리하거나 관련 자료를 수집한다. 수집된 자료를 정리하여 놓았다가 기안 시 활용하면 유익하다.

　(2) 작성할 공문 내용을 순서대로 생각해 본다.

　(3) 공문 제목을 설정한다.

　(4) 본문 내용을 작성한다.

　(5) 문맥의 흐름과 맞춤법 등을 검토한다.

　(6) 발신명의를 명기한다.

　(7) 수신처를 결정한다.

　(8) 결재권자를 결정한다(중간결재자, 협조자 포함).

(9) 기안문을 결재 상신한다.

순서는 다소 바뀌어도 관계없다.

□ **결재**

결재는 의사결정 과정이며 결재과정에서 개인 의견을 피력할 수도 있고 거부할 수도 있다. 개인 의견을 말할 때는 구두로 할 수 있지만, 서면으로 근거를 남겨 둘 수도 있다.

결재는 최종결재자의 서명 등 승인절차가 완료되었을 때 문서로서 성립되며 이를 임의로 파기하거나 훼손할 수 없다.

결재안은 상관의 지시를 받아 실무자나 담당자가 작성한다. 결재권자의 결재 방법은 다음과 같다.

(1) 결재라인 검토

(2) 공문 제목의 적절성 검토

(3) 기안의 시행 시기에 따른 적절성 검토

(4) 담당자나 실무자의 업무가 맞는지 검토

(5) 문장의 흐름과 맞춤법, 내용 등 검토

(6) 보조자료 참고 및 의문사항 질문

(7) 결재 : 싸인, 서명, 도장 날인(회계서류인 경우 등), 전산망 결재 등

□ 자료 정리

업무관련 자료나 책자를 보고 던져 버리거나 지나쳐 버리는 것보다, 보고 난 후 나름대로 이해가 가게 정리하여 잘 보관해 놓으면 업무를 하면서 두고두고 써먹을 수 있다.

컴퓨터로 작업된 자료는 파일이나 외장 하드로 저장해 놓고 출력된 자료는 노끈이나 클립 등으로 업무내용별로 철하여 보관해 놓으면 후일 중요한 자료로 활용할 수 있다.

각종 지침이나 예규, 사례, 질의응답, 업무관련 판례, 감사사례 등도 정리하여 놓으면 필요할 때 근거자료로 활용할 수 있다.

업무를 추진하고 난 후, 다음에도 필요해 보이는 자료는 편집하고 정리해서 보관해 두어야 한다.

자료는 많이 만들어 놓을수록 좋고 유익하다.

□ 실무는 수시로 묻고 배워라

실무에 대하여 의심난 부분이나 모르는 부분은 수시로 물어보아야 한다. 해당 기관이나 직장에 나보다 뛰어난 전문가는 있다. 배우는 데 자존심은 버리고 이해가 갈 때까지 물어봐야 한다.

업무를 보다 보면 직장이 다른 외부 전문가의 의견이나 지식 또는 조언 등, 상담이 필요한 부분도 생긴다.

□ 업무협의체 구성

업무협의체는 일명 직원조회나 직원회의 일 수 있다. 같은 기관이나 조직 단위 또는 사무실 직원들끼리 자기 업무의 추진내용을 말함으로써 서로 협조를 구할 수 있고 정보를 공유할 수 있다.

물론 업무의 보안상 말할 수 없는 부분도 있지만, 일상적인 업무에 대해서는 공유하는 것이 좋다. 때로 좋은 아이디어도 얻을 수 있고 서로 협조도 받을 수 있기 때문이다.

□ 직장보안

직장에서 벌어진 일이나 업무에 대하여 외부에 함부로 말하여서는 안 된다. 직장보안에 관한 사항이다.

문서도 외부에 유출 또는 노출되어서는 안 되므로 열쇠장치가 된 보관함에 보관하여야 하며, 개인 컴퓨터도 관계자 외에 다른 사람이 열어볼 수 없도록 비밀번호나 암호를 부여해 놓아야 한다.

중요한 자료 공문은 잠시 자리를 비우더라도 반드시 보관함에 넣어 두어야 한다.

잠시라도 방치해서는 안 된다. 극비 문서의 경우, 별도로 튼튼한 보관함을 비치하여 보관하여야 한다.

공직기관에서는 비밀유지의무가 법으로 명시되어 있다.

□ 일 처리 완급 조절

맡은 업무가 많을 경우 무엇을 먼저 해야 할지 갑갑할 때가 있다. 대개의 경우 윗사람이 지정해 주기도 한다. 그렇지 않고 고집스럽게 다른 일부터 차분하게 처리하다가 제때 일을 처리하지 못하면 무능한 직원으로 낙인 받기도 한다.

급한 일을 먼저 처리 안 해서 직장에 손해나 손실 또는 혼란을 가져오기도 한다. 그리고 무엇보다 직장 상사가 불안해한다. 일은 급한 것부터 처리하는 지혜를 가져야 한다.

□ 원활한 일 처리

언제가 증명발급을 위해 행정복지센터에 방문한 적이 있다. 그날따라 많은 사람이 대기하고 있었다. 그러나 담당 공무원들의 일 처리는 느려 보였다. 한 창구는 아예 한 민원인이 독차지하고 앉아 있었다.

한 30분 정도 기다리다 보니 차례가 되었다.

막 증명을 발급하려 하니 옆 창구에서 대뜸 큰 소리가 났다. 담당자 말이 이 업무는 다른 데서 봐야 한다는 것이었다. 그 민원인은 여태까지 한 시간을 기다렸다며 책임자를 찾는 등 소동이 벌어졌다.

문제는 순서에만 입각해서 일을 처리하다 보니 일이

복잡하거나 처리시간이 많이 소요되는 민원인은 오랜 시간 묶여서 지체하고 있었고 다른 실무자도 그러했다.

이런 때는 책임자가 나와서 한 창구라도 쉬운 민원부터 해결할 수 있도록 조치하는 교통정리가 필요하다.

일은 긴장감을 가지고 신속하게 처리하여야 한다. 업무에 대한 숙달도 필요하고 위의 예처럼 상황 판단도 중요하다.

일을 효과적으로 처리하면 민원인들이 만족감을 느끼게 되고 업무성과도 올릴 수 있다. 때에 따라서 상사에게 능력도 인정받고 업무를 원활하게 처리함으로써 온화한 직장 분위기를 조성할 수 있다.

□ 실무 경험 쌓기

나는 일선 근무를 하면서 2~3명의 직원이 있어야 할 사무실에 나 혼자 다 맡아서 일을 처리한 경우도 있었다. 일을 잘해서가 아니라 상황이 그렇게 되면 어쩔 수 없다.

새로 접한 업무도 있고, 서투른 업무도 있다. 연구하

고 배워가면서 침착하고 차분하게 추진하다 보면 다 처리할 수 있다.

속담에 "눈이 게으르다"란 말이 있다. 일감을 눈으로 보아 많아 보이면 지레 겁부터 먹는 경우를 말한다.

그러나 일을 추진하다 보면 의외로 쉽게 처리되고 빠르게 처리되기도 한다.

때로는 힘들기도 하지만 많은 일을 해 봄으로써 점차 실력이 쌓아진다. 일 처리에 많은 시행착오를 겪으면서 실무능력을 단련하고 향상시킬 수 있으며, 조그마한 성과에도 크게 위로 받을 수도 있다.

젊을 때는 여러 부서를 두루 근무하며 기관 전체의 흐름을 습득하는 게 좋다고 본다. 이런 많은 경험은 나중에 관리자가 되었을 때 크게 도움이 되기 때문이다.

□ 사무용품과 장비 챙기기

업무처리를 위해서는 필기구 등 각종 사무용품과 해당 장비 구비는 필수이다. 이런 용품은 직장에서 지급 받기도 하지만 필요에 따라 본인 부담으로 사기도 한다.

평상시 필요한 사무용품이나 장비를 잘 챙겨서 상황에 맞게 곧바로 활용하여야 완전하고 신속하게 업무를 추진할 수 있다.

옛 속담에 "서투른 목수가 연장 탓한다"라는 말도 있지만, 요즘은 훌륭한 장비구비가 일의 성패를 좌우하기도 한다. 장비의 중요성이 강조되는 부분이다.

□ 책임을 회피하지 마라

어떤 사고가 갑작스럽게 발생하거나 감사에서 크게 지적을 당한 경우, 문책성 민원이 발생한 경우, 업무 추진 과정에서 실패나 손해 및 손상으로 다툼 등이 있을 때 서로 책임회피에 급급한 경우가 있다.

이렇게 자기 책임을 벗어나기에 바쁘면 오히려 더 큰 피해를 볼 수 있다. 이럴 때일수록 합심하여 발생한 사건이나 지적된 일에 대해 냉철하게 헤쳐나갈 방법을 강구해야 지혜롭게 벗어날 수 있다.

이런 노력과 해결할 방책을 찾지 아니하고 남을 방패 삼아 내가 살려는 비굴한 수법을 쓰다가는 부메랑이 되어 결국 자신도 문책을 당할 수 있다.

경우에 따라서는 당당하게 잘잘못을 가리고 그에 따른 처분을 감수하는 것이 서로에게 좋을 수 있다고 본다. 누군가는 책임을 져야 하기 때문이다.

자신이 상관으로서 관리와 감독 직책을 가지거나, 실무자 또는 현장 담당자라는 이유로 어떤 형태로도 그 책임을 모면하지 못하는 경우도 있다.

자기 잘못에 대해서는 당당하게 시인하고 반성하면서 여러 사람의 협조를 얻어 신속한 조치로 자신의 피해를 최소한으로 줄이는 것이 현명한 방법이라고 본다.

□ 위기 대처 능력

근무하다 보면 크고 작은 사고와 사건들이 발생하기도 하고 본의 아닌 실수로 곤욕을 치르기도 한다. 우리가 원하지 않는 불행한 일들은 언제고 갑자기 일어날 수 있다.

평상시에도 항상 마음의 준비를 하고 근무에 임해야한다. 일어난 위기를 잘 대처한다면 피해를 최소한으로 줄일 수 있고 원상회복도 가능하다.

그러나 위기를 침착하게 대처하지 못하고 혼란스러워 하거나 즉각적으로 대응하지 못한다면 크나큰 피해와 시련을 겪을 수도 있다.

우리는 큰 실적을 올려 직장에 공헌하는 방법도 있지만, 위기를 슬기롭게 대처하여 직장을 살리고 피해를 줄이는 방법도 있다. 이것 또한 직장에 공헌한 결과가 된다.

위기에 대처하려면 먼저 침착하여야 한다. 위기에 봉착하면 대부분 극도로 긴장되어 제 몸이 그 역할을 하지 못한다. 몸은 굳어져서 움직여지지를 않고 일상적인 전화번호도 생각나지 않는다. 그러므로 긴장을 풀어야 대처할 수 있다.

다음은 즉각적인 판단과 이에 대응하는 행동이다. 이는 평상시 숨겨진 자신의 능력이 동원되어야 할 것이다. 정확한 판단력과 빠른 행동력이 반사 신경처럼 순식간에 자동으로 이루어져야 한다.

예를 들면 불이 났을 때 작은 불씨는 물이나 소화기로 바로 소화 작업이 이루어져야 한다. 작은 불씨를 조기에 진압하지 못하면 소방차를 불러야 하고, 이로 인해 인명 피해나 재산손실이 발생할 수 있기 때문이다.

다음은 주변 상황에 대한 판단과 보고 및 도움 요청이다. 도망갈 것인가, 아니면 대적할 것인가, 또는 조치할 다른 방도가 있는가를 결정하여야 한다.

다음은 상황정리이다. 어느 정도 상황이 조치가 되면 그 경위를 파악하고 조사하여 정리해 놓아야 한다. 자체 보고 자료로 활용할 수 있다.

정리한 자료를 토대로 자체협의회 등을 통해 후속 조치방안과 원상회복 방법을 세심하게 협의한다.

다음은 위기 예방활동에 대해 살펴보자.

(1) 작은 징후에도 대응하는 자세가 필요하다.

(2) 위기 대처 행동요령에 대한 업무 매뉴얼manual을 만들어 숙지하고 비치해 놓아야 한다.

(3) 위험지구에 대해서는 정기적으로 또는 수시로 점검활동을 수행한다.

(4) 작은 민원에도 관심을 두는 자세가 필요하다.

(5) 직장안전사고 대비를 위한 주기적 교육이 이루어져야 한다.

(6) 유사시 개인 간, 부서 간, 기관 간에 긴밀한 연락협조체계망을 구축해 놓아야 한다. 급할 때는 경찰서나 소방서의 전화번호도 기억나지 않는다. 반드시 긴급연락망체계 전화번호를 작성하여 게시하고 비치해 두어야 한다.

□ 원칙에 따라 처리하라

모든 일 처리는 법이나 규정 또는 지침에 따라 처리함을 원칙으로 하여야 한다. 이것이 나를 지키고 직장을 지키는 길이다. 동정심이나 청탁 등으로 편법便法을 생각하면 언젠가는 그게 걸림돌이 될 수 있다. 한번 처리한 일은 관례처럼 되어 버릴 수 있기 때문이다.

민원인 등이 앞서 해왔던 전례를 들어 자신의 일을 편법으로 처리하도록 요구한다면 다툼으로 번질 수 있고 갈등을 조장할 수도 있다. 이런 관행이 계속된다면 불법 조장이나 부정행위에 휘말릴 수 있다.

선의의 방책으로 부득이하게 편법을 사용할 수도 있지만, 극히 제한적이어야 한다. 이때 추진된 사안이 법의 범위를 크게 벗어나지 않아야 하고, 법 해석의 확장을 통한 유연한 업무처리의 근거가 마련되어야 하며, 처리할 사안의 정당성과 합당한 이유가 명시되어야 할 것이다.

□ 자신 없는 일은 추진하지 마라

직장에서 일하다 보면 일반적 또는 일상적으로 추진되는 업무는 요령이 정해져 있어서 손쉽게 처리할 수 있다.

그러나 옆 동료가 결근 등으로 업무를 대신 처리해야 할 상황에 봉착한다면 당황하게 되고 새로운 업무라 허덕일 수밖에 없다.

이렇게 중요한 업무를 대신하다 실수하게 되면 곤란해진다. 그러므로 자신 없는 일에 대해서는 신중하게 생각하고 결정해야 한다. 호기심이나 실적 올리기식의 욕심으로 추진했다가 실수를 범하거나 낭패를 당하면 직장에 피해를 줄 수 있고, 개인적인 명예가 손상되는 등 손해나 손실의 피해를 입을 수 있기 때문이다.

따라서 자신 없는 일에 대해서는 양보하거나 거절함

이 현명한 처신일 것이다. 직장에서 크게 실수하면 낙인 이론처럼 좀처럼 그 회복이 어렵고, 그 과오는 오랫동안 상처로 남을 수 있다.

자신이 없고 위험부담이 있는 업무는 슬기와 지혜를 가지고 현명한 판단하에 추진되어야 할 것이다.

□ 업무 매뉴얼을 만들어라

매뉴얼이란 일이나 업무 따위의 처리 방법이나 요령 등을 알기 쉽게 설명한 책이나 자료를 말한다. 만약 기계일 경우에는 사용 방법이나 기능을 알기 쉽게 설명한 자료나 책이다.

나는 업무를 보면서 반드시 업무 편람을 만들어 참고하였다. 내가 맡은 업무에 대해 정확히 알아야 한다는 것과, 다음 후계자에게 인계할 때 도움을 주기 위해서다.

매뉴얼에는 업무에 대한 개념과 현황, 처리 요령, 처리 순서 등을 일목요연하게 정리해야 한다.

매뉴얼을 만들다 보면, 관계 업무에 대해 많은 연구를 하게 됨으로써 자기 발전의 기회도 되고, 업무에 대해 완전히 익히고 파악할 수 있는 기회를 가질 수 있어서 업무를 효율적이고 능률적으로 처리할 수 있다.

이런 매뉴얼은 직장 업무뿐만 아니라 개인사업 또는 다른 일상의 일에서도 만들어 활용하면 좋을 것이다.

□ 청소와 정리 정돈하기

직장에서 성공할 수 있는 비결 중 한 가지를 찾으라면 청소를 말하기도 한다.

대부분의 직장에서 청소부를 쓰지만, 동료들이 돌아가면서 당번 식으로 하기도 한다. 그러나 책상이나 비품들 위로 먼지가 쌓이거나 의자 밑이 항상 지저분할 수 있다.

하루 10분 정도 투자해서 자신이 직접 닦아내고 쓸어내는 청소습관을 가져보자.

물건들을 제자리에 정리 정돈하고 청소하는 습관을 들이면 마음까지 정리가 되어 능률적인 일 처리를 할 수 있다. 깨끗한 자리를 만듦으로써 행운을 불러오는 직장생활이 되도록 노력해 보자.

□ 수입 관련 입찰

세입 확보를 위한 방법으로 정부지원금, 보조금, 예금 이자, 기타 각종 수입이 발생한다.

잡수입으로 폐품, 폐지 또는 각종 철재 장비를 매각하는 경우도 있다. 여기에서 수입증대를 위해 최고가 입찰을 하기 위해서는 엄밀한 준비가 있어야 한다.

수의계약에 의한 경우는 별로 문제가 없지만 입찰로 하는 경우에는 폐품의 수량, 규격, 모델 등이 정확히 실사 되어야 하며, 입찰 참가자에게 현장설명 등을 통해 상태를 확인시켜야 하고, 폐기물 예상수입단가를 산출하여 예정가격을 산출하여야 한다.

입찰에서 최고 상한 금액을 정하는 방법을 강구하는 것도 좋으리라 본다. 그 이상의 입찰은 당연히 무효가 된다.

업자가 낙찰되어 물품을 인수하면서 수량, 규격, 모델 등을 일일이 확인하면서 실사와 맞지 않을 경우 곤란한 문제가 발생할 수 있다. 이를 이용한 사기 행각도 있을 수 있다.

일반인을 상대하는 대외 업무에서 대충이란 없다. 꼼꼼히 살펴보고 또 수시로 점검해 보아야 한다.

□ 각종 시설공사 입찰

각종 시설공사를 입찰하려고 할 때는 설계에 관한 자격증을 소지한 자가 설계서와 설계 내역서內譯書를 산출하여야 한다. 이에 따른 시방서示方書나 특약사항에 대하여도 작성하여 계약부서에 넘겨야 한다.

단위기관에서 할 경우에는 설계사무소에 용역을 주어야 한다. 사무실에서 자체로 적당히 작성하여서는 안 된다.

설계금액이 나오면 현장설명을 실시한 다음 입찰 과정에 들어간다. 예정가격은 입찰 전에 작성한다. 예정가격 작성에 대해서는 회계 지침이 따로 있다.

예정가격을 작성함에 있어서 설계금액이 건건이 합산되도록 하여야 한다. 예를 들면 건축공사의 경우 본관 건축공사, 별관 건축공사, 화장실 공사 등 건수가 다른 경우가 있다. 이때는 합산하여 입찰하여야 한다.

반드시 실무자는 설계 내역서를 꼼꼼히 살펴보아야 한다. 여기에서 하나라도 누락되면 재입찰하거나 다시 새롭게 입찰하여야 하는 일이 발생할 수 있다.

대규모 공사 계약추진의 경우 실무자가 다하려 하면 안 된다. 자격이 구비된 기술직 직원을 활용하거나 없는 경우 용역업체에 의뢰하여 감독, 감리, 준공검사 등의 업무를 수행하게 하여야 한다.

이 경비를 절감하기 위해 적당히 하는 경우도 있으나, 철저하게 짚고 넘어가야 할 부분이다. 만약 서류상으로 감사 지적을 받거나 부실공사로 잘못되면 실무자와 책임자는 그 책임을 져야 하는 크나큰 사태가 발생할 수도 있다. 몰랐다는 등의 변명은 통하지 않는다는 것을 명심해야 할 것이다.

□ 회계장부 기재

회계장부 작성은 회계부분에서 중요한 분야다. 월별 정산과 잔고와 맞아떨어져야 하기 때문이다. 장부는 각 사업별로 과목별로 올바른 집행이 이루어지고 있는지 확인하는 수단이 되기도 한다.

요즘은 전산화된 회계처리로 자동 작성되기도 하지만, 그렇지 않은 경우 수기작성이 필요하다.

수기로 장부를 작성하던 때에 숫자 바꿔 쓰기로 인해 잔고와 맞지 않아 지출서류 뭉치를 안고 밤새 대조하여 찾던 고통스러운 시절도 있었다. 지금 생각해 보면 웃음밖에 안 나오는 해프닝이다.

□ 회계 관련 숫자 철저 확인

옛날 한때에는 주산으로 회계장부를 계산하고 작성하였던 시절이 있었다. 그러나 지금은 전자계산기를 사용하거나 회계 관련 장부가 전산프로그램화되어 있어 입력하면서부터 바로 계산이 되어 나온다.

예산을 세우고 결산을 하는 것도 마찬가지로 전산 프로그램에 입력처리만 하면 다 이루어진다. 그러나 입력오류로 잘못된 계산이 나올 수도 있기 때문에 결재권자는 되도록 확인해 보는 절차가 필요하다. 전산을 너무 믿어도 문제가 될 수 있다.

회계업무는 많은 돈이 들어오고 빠져나가기 때문에 이를 철저하게 관리하고 확인하지 않으면 자칫 큰 회계사고로 이어질 수 있다.

□ 회계 계산의 철저

숫자계산에 있어서는 가로세로 계산 맞추기 등 반드시 검산해 볼 수 있도록 한다.

자기 자신을 너무 믿는다든지 전산 프로그램을 믿음으로써 엉터리 같은 실수를 하는 경우도 있다.

자체적으로 검산해 볼 수 있는 요령을 터득하여 검산을 해보는 것이 숫자를 처리하는 업무에서는 매우 중요하다.

숫자는 원단위까지도 소홀함이 없어야 한다. 숫자업무는 대충이라는 게 없다. 앞뒤좌우로 척척 맞아떨어져야 한다.

숫자는 법이나 지침이 아니면 사사오입이나 원단위 삭제는 허용되지 않는다.

□ 각종 회계 절차

사무실에 근무하는 담당자는 대부분 회계에 관한한 비전문가이다. 그러나 업무를 처리하다 보면 각종 경비 예상 단가를 산출하여야 한다. 숙달된 노련한 직원이 아니면 작성하기가 쉽지 않고 작성하였다 할지라도 어설 프기만 하다.

실무자는 정식절차에 의하여 업무를 처리하려고 노력 하여야 한다. 공사나 용역비 산출에 자신이 없으면 일정 금액 이상인 경우에는 해당 업체에 설계용역이나 가격 산출 용역을 줘야 한다. 목적사업비를 받아놓고 집행하 면서 대충 작성하였다가 사고가 나거나 감사에 지적되 면 담당자는 책임과 문책을 면지 못한다.

공사에 있어서는 설계나 감리, 감독, 준공검사 등의 용역비를 우선 산출하여야 한다. 그 결과 예산이 터무니 없이 부족하면 예산을 더 지원받든지 그렇지 않으면 사 업비를 반납하는 게 좋다고 본다. 무리한 사업추진으로 해를 볼 수도 있기 때문이다. 실무자 입장에서는 반드시 고수해야 할 부분이다.

□ 감사 실무

감사란 법적 권한이 있는 기관이 단체나 조직의 업무 상황을 감독하고 조사하는 행위를 말한다.

직장에서 일정기간 일한 내용에 대해 감독기관의 평가를 받고 잘못된 부분에 대하여는 조사를 받는 것이다.

감사 결과에 따라 현지시정, 주의, 경고, 징계, 법적 형사고발조치 등의 처분이 있다. 업무를 잘못 처리하면 행정처분을 받거나 민사상의 손해 배상이나 형사상의 처벌까지 받을 수 있는 것이다.

따라서 감사하면 일선기관에서는 긴장감이 흐르고 두려워하게 된다.

수감자의 태도는 미리부터 겁먹지 말고 평상시 소신껏 처리했던 업무 부분을 묻는 부분에 대하여 잘 설명해 주면 된다.

감사를 받다 보면 의외의 지적이 나오고 많은 부분에 대하여 배우는 기회가 된다. 반드시 필기구를 지참하여 필요한 부분 메모하고 보충 자료를 요구할 경우 성실히 응해야 한다.

감사관의 입장에서는 겁을 주는 고압적인 자세보다는 지도적인 입장에서 지적해 주고 잘못된 부분에 대하여는 날카롭게 조사하여야 할 것이다.

감사관의 자세로는 개인적 선입견을 버리고 중립적인 견지에서 업무를 처리하여야 하며 실적위주보다는 지도위주로 소소한 부분은 과감하게 현지 시정하는 자세가 좋다고 본다.

모든 업무는 감사를 받는다고 생각하고 법이나 지침에 위배되지 않도록 평상시에 철저하게 업무를 수행하여야 한다.

감사지적사례집을 참고하여 많이 지적되는 형태를 연구해 보는 것도 감사 대비의 한 방법이다.

□ 보도 홍보 실무

홍보에는 여러 가지 방법이 있지만 언론을 통한 보도만큼 확실한 것이 없다.

그러나 보도 자료를 어설프게 작성하여 역으로 부정적인 기사를 쓰는 언론사 기자도 있다.

언론을 통한 보도는 일반 대중에게 신속성, 파급성, 전파성, 시각효과, 청각효과, 주입력, 흡수력이 뛰어나다. 홍보에서는 최고의 수단이다. 따라서 매스컴을 통한 홍보는 신중하고 정확해야 하며 보도의 적시성이 있어야 한다.

여기에서 보도 자료 작성법에 대하여 간단하게 알아보자.

보도 자료는 제목이 매우 중요하다. 제목에서 모든 게 나온다고 해도 지나치지 않다. 독자들은 제목에서부터 이 기사를 읽을 것인지, 지나칠 것인지 결정한다. 제목은 간결하고 시선을 끌 수 있는 함축적이고 예술적인 단어로 작성되어야 한다. 제목은 20자 이내로 작성한다.

다음은 부제목이다. 기사 내용을 구체적으로 요약 정리한 부제목도 중요한 역할을 한다. 부제목은 두 줄 이내로 작성한다.

첫 문단은 누가, 언제, 어디서, 무엇을, 어떻게, 왜의 육하원칙에 의하여 작성되어야 한다. 80자 이내로 작성한다.

두 번째 문단은 배경, 필요성, 취지, 근거, 목적 등을 나타낸다.

세 번째 문단은 행사 진행 계획에 대해 서술한다.

네 번째 문단은 전문가나 권위자의 견해, 기대효과를 서술한다.

첨부물로 관련사진, 그림파일, 참고자료, 보충자료를 제공한다. 보도 자료에는 기관명, 회사소개, 기관홈페이지주소, 담당자, 이메일e-mail 등을 부수적으로 명기한다.

□ 귀중품 보관

업무를 처리하다 보면 귀중품을 보관하거나 관리할 경우가 발생한다. 귀중품의 관리 부실不實이나 소홀은 개인적으로나 공적으로 큰 손실을 초래할 수 있다.

귀중품에는 현금, 금괴, 고가품, 카드, 공수표 등 다양하다. 때로는 조그마한 부품 하나에 몇천만 원이 되는 고가품도 있다.

일반적으로 현금을 중시하는 경우가 많다.

나는 초임 근무 시 세입업무를 보면서 현금을 보따리에 싸서 출퇴근한 경험이 있다. 철재 캐비닛cabinet에 보관하였다가 불법침입자가 장비로 까발려서 무참히 파손된 것을 보았기 때문이다.

캐비닛에 현금을 보관하는 것은 위험하다는 것을 알려주는 대목이다. 튼튼한 금고가 아니라면 도난을 방지하기 어렵다는 것이다.

귀중품은 2중 이상의 주변 열쇠장치가 요구된다. 요즘은 보안업체와 계약하여 도난예방장치를 통해 관리하기도 한다.

보관된 귀중품 목록은 꼭 작성하여 두어야 한다. 점검하기에 편리하기 때문이다. 현금 보관 시에는 총금액을 반드시 파악해 놓아야 한다.

도난 방지를 위한 장치는 철저하게 구비되어야 하고 점검에도 소홀함이 없어야 한다. 귀중품 목록에 대해서는 누구에게도 발설해서는 안 된다.

□ 일은 미루지 말자

일하다 보면 피곤하거나 일하기 싫어서 일거리를 미루는 경우가 있다.

일이란 하루하루 새롭게 생겨나게 되어있다. 오늘 일을 미룬다면 다음날 일과 겹치므로 업무를 소홀하게 처리하거나 허덕일 수 있다.

근무시간 내에는 사적 일보다 공적인 업무가 우선되어야 하며, 업무에 전념하여야 하고, 되도록 일을 미루는 습관을 들이지 않아야 한다. 특히 공적인 일에 있어 제때 처리하지 못한 결과로 민원을 일으키거나 관련 부서나 상부 기관에서 독촉을 받기도 한다. 이런 근무 태도로는 무능하고 불성실한 직원으로 남을 수밖에 없다.

□ 업무분장

업무분장은 직급이나 직위 그리고 근무경력, 업무능력 등이 감안되어야 한다. 특히나 초임자의 업무분장은 세심한 배려가 필요하다.

업무분장은 밀어붙이기식이기보다는 여러 정황을 참작해야 한다. 업무분장에도 풍선효과가 있다. 누군가는 업무량이 많아 허덕이고 반면에 누군가는 업무량이 적어 여유 있게 한가한 시간을 보내는 이도 있다.

업무분장은 적정한 안배가 필요하다. 잘못된 업무분장으로 직원 간에 불만 요소가 쌓일 수 있다.

□ 나는 업무처리에 있어 기관장(사장)이다

우리가 식당이나 가게를 갔을 때 종업원이 마음에 거슬리게 불친절하면 그냥 나와 버린다. 다음에도 그 이미지 때문에 가기가 꺼려질 것이다.

직장에서도 마찬가지다. 직장 내에서 이뤄지는 행위가 회사나 기관을 대표하는 이미지 또는 상징적인 일이 될 수 있기 때문이다.

규모가 있는 직장에서는 근로자 간에 서열이 있다. 상하관계가 명확하여 어려운 일이나 중요한 일 처리는 반드시 직장 상사와 협의하거나, 결재과정 등을 거쳐 종합적으로 판단하여 일을 시행하게 되어있다.

만약 실무자의 독단적인 판단에 의해 일 처리가 시행되면 이는 회사의 결정에 의한 일이 되어버릴 수 있다. 또한 여기에서 발생하는 문제에 대해서도 회사가 책임을 져야 할 수 있다.

실무자로서 독단적인 업무처리나 개인감정을 앞세워 일을 그르치면 직장 전체에 이미지를 훼손하거나 다른 영향을 줄 수 있으므로 항상 긴장감을 가지고 신중하게 처신하여야 한다.

신문이나 방송매체에서 가끔씩 다루는 기사로 한 두 사람의 잘못을 들어 그 직장 전체를 매도해 버리는 경우를 보았을 것이다.

직장에 자리하면 '항상 내가 기관장이다'라는 마음가짐으로 업무에 임해야 한다.

직장에 몸을 담은 이상 주인정신, 사명감, 책임감, 직장사랑정신 등을 항상 마음에 지니고 실천해야 나도 잘 되고 회사도 발전할 것이다.

□ 직장 훈련

교육이나 훈련하면 대개의 경우 전문훈련기관이나 지정연수기관을 생각하지만 직장 자체에서 하는 훈련이 있다.

직장 훈련에는 소방, 천재지변, 전시대비를 위한 대피

훈련, 응급처치요령 등이 있고, 그 직장 특성상 필요한 훈련이 있다.

직장교육담당자는 이런 훈련대비 기획을 짜야 하고 자료나 교재도 만들어야 할 때가 있다.

직장 자체에서 일어날 수 있는 돌발 사고에 대처하기 위함이니 형식적인 훈련보다는 전 직원의 협조를 받아 실제와 유사한 훈련을 하여야 한다. 이 훈련과정에서 각자 분담한 역할인지가 중요하다.

훈련한 내용은 기록으로 잘 남겨놓아야 한다.

□ 직장 행사

직장에서 치러야 할 행사는 만만하지 않게 많다. 크고 작은 연례행사가 시기적으로 정해져 있고 새로운 행사를 하게 될 때도 있다.

모든 행사는 사전 계획이 철저하게 수립되어 있어야 한다. 계획된 행사내용에 대해서는 관계부서나 관계기관 또는 전문가와 내부적으로 충분한 협의가 이루어져야 한다.

행사계획에 포함되어야 할 사항은 다음과 같다.

(1) 목적

(2) 참여대상과 예상인원

(3) 행사일시 및 장소

(4) 행사장 배치계획

(5) 행사 진행순서(일정과 시간 단위로 열거)

(6) 진행 시나리오

(7) 안내원 배치계획(안전사고 예방교육 및 상호 수시 연락망 구축)

(8) 행사 안내 인쇄물 제작

(9) 행사홍보계획 : 플래카드placard 게시, 행사홍보물 벽보 게시, 보도 자료 작성 등

(10) 구급차 대기, 경찰 파견 등 협조 요청

(11) 소요경비 (물품, 비품, 소모품, 용역 등 경비 산출)

(12) 시설배치 안내도 : 화장실, 본부석, 안내실, 공연장, 식당 등

(13) 행사장 주변 정리 계획

(14) 관계부서나 관계기관에 대한 협조공문 발송

(15) 내빈 등 초대 범위

(16) 진행요원 편성표

(17) 진행 관계자 사전교육계획 : 교육교재나 자료 준비

(18) 식사제공 장소 및 메뉴

(19) 간식 등 제공 방법

(20) 유니폼 제공시 구매계획

(21) 기대 효과

그 밖에도 행사에 필요한 내용을 추가하면 된다.

□ 일에 겁부터 먹지 마라

업무를 보다가 처리할 일이 많은 걸 보게 되면 답답함을 느끼게 되고, 전혀 해보지 못한 새로운 일에 처하면 고민이 먼저 앞서게 된다.

모든 것은 시간이 해결해 준다고 한다. 여유를 갖고 하나씩 처리하다 보면 어느덧 말끔하게 처리되는 것을 경험했을 것이다.

"눈이 게으르다" 말처럼 하다 보면 별거 아니라는 생각이 들 것이다.

일에 겁을 먹고 망설이거나 허둥대면 자칫 큰일을 저지를 수 있다. 그럴 때일수록 침착하게 마음 먹고 "천 리 길도 한 걸음부터"란 속담을 되뇌며 차근차근 일을 처리하면 된다.

학창시절 시험에 어려운 수학문제를 두고 어떻게든 아는 대로 풀어야 한다. 겁부터 먹고 망설이고 있으면 시간이 가면서 시험을 망치게 된다.

곤경에 처한 경우 상사에게 도움을 요청하거나 동료에게 지원을 요구할 수도 있다. 때로는 일용인부를 써서 해결하거나 전문인력을 동원하여 처리할 수도 있다.

일에 있어서는 항상 차분하게 최선을 다하는 자세가 필요하다고 본다.

□ 민원발급

직장에서 민원발급사항에는 일반적인 제 증명과 갖가지 형태의 사실증명 그리고 정보공개요구에 의한 관계 자료제공 등 여러 형태가 있다.

민원발급은 단순하면서도 기관이나 회사에서 신중하

게 다루어지고 있다. 일단 발급된 서류가 대외적으로 나가면 그 효력을 발생하기 때문이다.

대개의 경우 확인자료나 근거자료로 활용된다.

민원발급업무는 빈틈이 없도록 철저를 기해야 하고 때에 따라서 기관장이나 회사대표의 결재를 득한 후 발급해야 하는 증명서류도 있다.

만약 잘못된 절차와 경솔한 민원발급으로 문제가 발생한 경우 발급부서나 자료제공부서 등에 책임추궁을 할 수 있다.

□ 업무편람 만들기

직장에서 경력을 쌓고 일에 숙달이 되다 보면 해당 업무에 대해 정리할 수 있는 능력이 생긴다. 이런 능력을 가지고 모아놓은 자료를 토대로 현재 업무에 견주어 책을 만들면 업무편람이 되는 것이다.

업무편람은 새로 들어온 신입 직원이나 다른 부서에 있다가 자리를 옮겨 새롭게 업무를 맡게 되는 직원에게 필독서이다.

업무편람은 개론형태가 아닌 각론으로 다루어져야 한다. 실무사례를 곁들여서 업무를 쉽게 이해할 수 있도록 순서나 절차에 입각해 만들어야 한다. 물건을 구입할 때 사용설명서와 같은 역할을 해야 한다. 다시 말해 업무를 전혀 모르는 직원에게 설명이 되는 내용이어야 한다.

업무편람 구성 중 맨 처음 개요부분에서는 업무의 전반적인 내용과 형태를 소개한다.

업무분야에서는 사용되는 용어해설을 다루고 일의 처리 순서나 흐름 등을 보여준다.

본론 부분에서는 실제 사례를 들어 자세하게 설명한다.

마지막에는 틀리기 쉬운 사례나 질의응답자료, 지침, 관계법규정, 필수적인 조견표, 기타 참고자료를 부록형식으로 편집한다.

□ 사회자 해보기

직장에서 실무를 담당하다 보면 본의 아니게 사회를 맡을 수 있다. 남이 사회자 역할을 하면 쉽게 보이지만 자신이 직접 해보려 하면 망설여진다. 그러나 사회자 역할도 여러 번 경험을 하다 보면 자연스럽게 숙달된다.

사회자로 진행하려면 먼저 진행순서에 맞는 시나리오를 작성해 보는 것이 필수이다. 서툴면 시나리오를 써서 몇 번이고 연습해 보고, 자신이 없으면 현장에서 시나리오를 보고 읽어도 괜찮다.

나도 처음에는 무턱대고 진행하다가 사회자 진행요령을 전혀 모른다고 질책도 받고 비난도 받았다. 이처럼 사소한 업무는 누가 가르쳐 주지 않는다. 자신이 평상시 배우고 익혀야 한다.

사회 진행만 잘해도 여러 행사에 초대되고 자신의 입지를 굳히는데 큰 역할을 할 수 있다. 사회를 잘 진행할 수 있는 것도 인정받을 수 있는 좋은 기술이라고 본다.

□ 회의 진행해 보기

담당자나 실무자로 교육하면서 회의를 주재主宰할 수 있다.

회의의 주재는 회의 안건이나 주제를 선정하고 여러 사람의 의견을 통제하면서 발언을 청취하고 이를 정리해 결론을 도출하는 과정의 전반 행위를 말한다.

결론을 도출하지 않고 의견만 수합하는 경우도 있다. 최종결정은 비밀에 부쳐 투표하는 경우도 있고, 공개적으로 거수를 통해 결정하는 방법도 있다.

의결정족수는 기관에서 내부규정으로 정한 것에 따른다. 만약 없는 경우 현장에서 의견을 들어 결정하는 방법이 있다. 이때 의견 채택과 결정은 참석인원 과반수로 하는 것이 일반적이다.

평상시 회의를 유심히 살펴볼 필요가 있고 이에 관해 공부해 놓는 것도 좋다. 계획된 회의 진행에서는 시나리오를 작성해서 순서에 따라 회의를 주재하는 방법이 있다.

□ 공적조서 작성해 보기

공적조서는 표창 추천을 할 때 작성한다. 본인 것을 본인이 작성하는 경우도 있고 본인 것을 다른 사람이 작성하는 경우도 있다.

경쟁이 많은 포상 심사를 결정할 때는 공적조서 작성

이 중요하다.

대개의 경우 포상추천을 요구할 때 작성요령을 자세하게 시달한다.

공적조서 내용은 항목을 갖추어 작성하고 실적은 횟수, 연수, 월수, 일수, 시간, 금액 등 숫자로 환산하여 명기하여야 좋다.

□ 예상답변서 작성해 보기

정기적으로나 수시로 국정감사나 시의회, 구의회의 행사감사 등이 있어 분야별 예상답변서를 많이 작성한다. 이때 서면 답변서가 아닐 경우에는 읽기에 편리하도록 간략하게 작성하여야 한다.

답변내용은 질문요지에 부합하여야 하고 막연한 답변보다 되도록 통계수치를 활용하면 좋다.

때에 따라서는 자세하게 작성하여 답변을 서면으로 보충할 수도 있다. 국회나 의회에서 대부분 질문할 내용을 미리 알려주기도 한다.

□ 비상연락망 챙겨놓기

직장에서 필수적으로 만들어 놓는 게 직장비상연락망이다. 직장비상연락망은 팀 단위로부터 전체로 한 명도 누락 없이 작성되어야 한다.

옛날에는 집 전화에 도보 연락망까지 작성하였다.

지금은 개인 휴대폰 번호를 활용한다.

직장비상연락망은 각 개인마다 사진 파일로 휴대폰에 저장해 두었다가 비상사태 발생 시 활용하도록 하자.

시급한 일에는 초와 분을 다툴 수 있다. 언제든 신속한 연락이 될 수 있도록 사전에 준비해 두자.

□ 야근(잔업, 시간 외 근무)

직장에서 일거리가 많을 때는 야근을 하게 된다. 일거리가 아니더라도 비상 근무 등 여러 사정으로 퇴근 없이 직장에서 대기해야 하는 경우도 있다.

야근은 개인 생활에 제한을 가져오거나 피로감을 더해 준다. 반면에 금전적 보상이나 일의 성취에 만족감이 따를 수 있다.

야근 선택의 폭은 좁다. 일반회사에서는 특별한 사정이 없는 한 해야 한다.

주문물량에 생산 목표 달성을 위해서나 용역 이행 기간이 되어가는 경우 납기 기한을 지키기 위해서이다.

때에 따라서 거의 정기적으로 잔업을 하는 경우도 있다.

잔업은 야간에 많이 이루어지기 때문에 안전에 더 유의해야 하고 잔업이 끝나면 마무리 정리를 잘해야 한다.

제일 중요한 게 전원차단이며 그다음으로 문단속, 화재위험 등의 주변 점검이다.

나는 야근을 많이 했다. 그러나 한 번도 불만스럽게 생각한 적은 없었다. 응당 해야 할 일이었기 때문이다.

□ 업무 지도해 주기

부하직원이나 동료직원이 업무에 대해 배우고자 하거나 상담을 요구할 때는 친절하고 성실하게 아는 대로 일러주어야 한다.

어떤 이는 대단한 비밀이라도 되는 듯이 일러주기를 꺼리거나 슬렁슬렁 알아듣기 어렵게 일러주는 이도 있고 그냥 모른다고 거부하는 이도 있다.

"개구리가 올챙이 시절 모른다."는 속담이 있다. 내가 어렵게 배웠던 시절을 생각해서 설명뿐만 아니라 관련 자료제공 등 도움이 될 만한 것을 안내해 주는 것이 타당하다고 본다.

어떤 이는 가르쳐준다고 바쁜 사람을 잡아놓고 학생 지도 하듯이 불편스럽게 하는 경우도 있다.

상황을 보아가면서 간단히 일러주고 언제든 가르쳐줄 수 있는 여유를 보여주어야 한다. 업무는 반복적으로 지도해 줘야 한다.

직장상사나 기관장(사장)이 업무에 대해 알고자 할 때는 관계 자료와 함께 보고서 형식을 갖추어 설명하면 좋다.

의견을 말할 때는 1안, 2안, 3안 등 여러 경우를 놓고 의견을 제시하는 것이 좋다.

□ 불필요한 일을 하지 마라

직장에서 남보다 더 잘하려고 욕심을 내거나 긴장된

경우, 또는 여유 있는 시간이 조성된 경우, 불필요한 일을 만들어 시행한 결과로 물자나 시간을 낭비하는 때가 있다.

이때 대개의 경우 지적해 주는 이가 있으나 간섭이라 생각하고 이를 무시하고 강행한다. 그러나 지내놓고 보면 조언이 맞은 경우가 있다.

이런 사례를 몇 가지 들어보면 다음과 같다.

불필요한 자료 복사, 비가 예보된 날씨에 실외 물청소나 행사준비, 불필요한 자료요구 및 자료수합과 정리, 전화확인으로 가능한 일에 대한 출장처리 등 그 밖에 여러 경우가 있다.

조금만 생각해 보거나 옆 사람의 조언을 귀담아들으면, 불필요한 일을 하지 않음으로써 예산이나 물자 낭비 그리고 시간 낭비를 방지할 수 있음을 알아야 한다.

□ 예산과 결산

예산이란 다음 한 해 동안에 집행될 돈의 쓰임을 미리 작성해 놓은 계획서이다.

대부분 예산은 전년도 내용을 참고하여 작성한다.

예산을 편성하기 위해서는 다음 몇 가지가 결정되어야 한다.

첫 번째 세입의 규모이다. 내년에 들어올 수입이 총 얼마인지 알아야 한다. 또는 자기 부서나 사업에 얼마의 돈이 배당되었는지 알아야 한다. 기관의 세입재원으로는 자체수입, 보조금이나 지원금, 의존수입과 채무를 얻어 수입으로 잡는 채무수입, 자체수입 등이 있다.

두 번째 내년 사업계획이 수립되어 있어야 한다.

세 번째 사업 내용에 따른 견적이 산출되어야 한다. 품명(사업명), 수량(물량, 횟수), 단위, 단가 등을 토대로 상세하게 작성 자료가 나와야 한다.

네 번째 산출된 사업을 어느 과목에 넣을 것인지 결정해야 한다.

다섯 번째 결정된 자료를 토대로 예산을 총체적으로 작성해 보고 초과예산부분이나 불요불급한 예산 등을 내부적으로 심도 있게 협의하여 세입과 세출 합계가 같게 조정하면 1차 예산 편성이 완료된다.

예산부기는 천원 단위로 명기하며, 산출은 원단위로 한다. 산출금액 끝 단위가 천원 이하인 경우 삭제가 아니라 올려붙인다.

편성된 예산은 정해진 예산심의 절차에 의하여 최종적으로 통과하여야 다음 해 예산으로 확정된다.

당초 예산을 변경하여 사용하고자 할 때는 변경된 부분에 대하여 추가경정예산을 편성하여 예산심의 절차를 거쳐야 한다.

세입예산에서 부풀린 세입재원이나 불확실한 세입재원을 적용하면 연말에 가서 곤란한 문제가 발생할 수 있다.

예산의 검토에서는 타당성, 효과성, 효율성, 현실성, 긴급성, 건전성, 근거에 대한 원칙성, 형평성 등 여러 상황을 놓고 보아야 한다.

결산은 당해년도 예산을 집행 완료하고 다음 해에 한다.

결산은 예산에 명기된 내용대로 집행이 잘되었는지를 검토하는 과정이다. 결산도 결산서를 작성하여 심의절차에 따라 검토하고 의결한다.

□ 보수지급 업무

보수는 직무의 곤란성과 책임 정도에 맞도록 계급별, 직위별, 직무 등급별로 책정하여 지급한다. 여기에 경력에 따른 호봉이 적용되며, 직무의 성질에 따라 각종 제수당이 지급된다.

소규모 회사의 경우에는 직원의 능력이나 경력을 감안하여 자체 결정하여 지급하기도 한다.

보수지급 업무에는 각종 공제 업무도 포함된다. 세금징수와 납부, 연금징수, 의료보험료, 각종 보험 징수, 저축, 친목회비 등 제 경비 공제가 있다.

보수 업무에 있어 중요한 것은 수당 지급에 따른 해당서류 징수가 잘 되어있어야 하고 지급 기간 등을 개인별로 잘 살펴보아야 한다. 감사에서 지적이 제일 많은 부분이기도 하다.

연말에 가서 갑근세甲勤稅 연말정산도 중요한 부분이다.

중간발령으로 보수의 일할계산도 신경 써야 할 부분이다.

요새는 전산처리로 업무가 수행되지만 모든 입력과

관리는 담당자가 해야 한다.

보수 지급일은 각 기관이나 회사마다 다르다.

□ **물품관리**

직장에서 물품관리담당을 맡으면 직장 내 물품에 대하여 전반적으로 파악하고 관리해야 한다.

물품관리를 하려면 나름대로 물품대장을 만들어 잘 활용해야 한다.

총체적인 재물조사는 매년 정기적으로 실시하고 기관 규모가 큰 경우에는 각 부서의 협조를 받아 처리하는 방법이 있다.

물품대장에는 품명, 규격, 단위, 수량, 단가, 금액, 취득일, 폐기일, 보관 장소(비치장소), 물품의 상태(정상, 요 정비, 폐기대상), 내용연수 등을 자세하게 작성하여야 관리에 편리하다.

폐기물품이란 오래되어 쓸모가 없거나 수리가 불가능한 물품, 수리하는 데 많은 경비가 소요되는 경우, 상태는 좋으나 쓸모가 없는 경우, 마모되어 더 이상 사용이 어려운 물품 등을 말한다.

폐기물품 처리는 매각, 관리전환(기증), 쓰레기 처리 등의 방법이 있다. 폐기물품은 결정에 따라 과감하게 처리하고, 정비가 필요한 물품은 신속하게 수리하여 관리하여야 한다.

물품관리를 소홀히 하면 분실, 훼손 등의 상태를 파악하지 못하고 방치되기 쉬우며, 폐기가 제때 이루어지지 않으면 여기저기 물품이 쌓여 보기 좋지 않고 시설이용과 관리에도 불편을 초래할 수 있다.

물품관리도 성실하고 부지런해야 한다.

□ 공문서 작성요령

공문서나 보고서를 잘못 작성하면 어딘가 어설프고 감정이 섞인 거친 글이 되어버린다. 특히나 잘못을 지적하는 글을 쓰다 보면 다투는 사람의 말처럼 쓰여져서 얼굴이 찌푸려지기도 한다.

공문서는 한 기관의 의사를 전달하는 것이기 때문에 강압적이거나 감정적인 글을 쓰면 안 된다. '모두', '절대' 등의 단정적인 단어는 피해야 하고 맺음말도 명령하듯 하면 문맥이 부드럽지 않다.

모든 글쓰기에서도 마찬가지이지만 글의 마무리는 여지를 남겨야 한다. 예를 들어, "그럴 일은 없다"보다 "그럴 일이 없을 수도 있다"로 표기하는 방법이다.

이 밖에도 표현기법은 많이 있다. 평상시 공문서를 눈여겨 읽어보고 배우거나 독서를 많이 해서 표현기법을 공부하는 게 좋다. 나도 기안문 결재를 하면서 상사로부터 많은 지적을 받았다.

공문서를 작성할 때 피해야 할 단어를 나열해 보면 다음과 같다.

(1) 명령적 단어

(2) 겁박하는 단어

(3) 투쟁적인 단어

(4) 금기어

(5) 사투리

(6) 잘 사용하지 않는 어려운 단어(고사성어 등)

(7) 여운을 남기는 애매한 철학적 단어

(8) 비속어

□ 상사에 대한 구두 보고

상사에게 말로 보고하거나 설명을 할 경우 결론부터 말하는 게 좋다.

물론 중요한 건에 대해서는 과정에 대한 설명도 중요하지만, 상사나 결재권자는 빠른 판단을 해야 하므로 먼저 결과나 결론이 중요한 것이다. 상사나 결재권자는 몇 마디 말에도 그 상황을 이해할 수 있다.

처음부터 내용이나 과정에 대해 자세하게 말하게 되면 시간이 소요되고 심적으로 조급함에 답답할 수밖에 없다.

결론을 제대로 말하지 못하면 답답하고 무능한 직원으로 낙인찍힐 수 있다.

결론을 말한 다음에 상황이 허용되면, 꼭 말해야 하는 중요한 부분을 말하고 그다음은 물어본 말에만 대답해야 한다.

구두보고를 잘하는 것도 스피치 기술이다.

제5장 관계형성

제5장 관계형성

□ 동료 간 말조심

직장에서 동료 간에는 가깝고 긴밀한 관계지만 보이지 않는 경쟁자관계이다.

술자리에서 무심코 뱉은 말 한마디가 정보로 변하여 직장 내에 입소문이 나거나 상관에게 은밀하게 보고되는 경우도 있다. 술자리가 깊어지면 평상시 서운한 감정이 폭발하여 인간관계가 서먹해지거나 다툼으로 이어지기도 하고 취중진담이란 말처럼 서로에게 역효과가 생기기도 한다

따라서 동료 간에 만취가 되도록 마시는 술자리는 피하는 게 좋다. 아군인 듯 보이지만 믿을 수 없는 것이 사람이다.

직장 내 동료 간에는 업무적인 이야기만 하는 것이 현명하다. 업무와 관련된 협조나 상담, 협의, 도움요청, 관

련 정보 제공은 괜찮다. 그러나 개인적인 상담이나 승진 등의 대화는 주의를 요한다.

□ 비밀을 만들지 마라

요즘 시대는 폭로전이 심한 세상이다. 동료 간에 비밀을 만들면 위험할 수 있다. 같이 하고도 먼저 양심선언을 해버리면 상대는 크게 다치게 된다.

서로 간에 비밀은 만들지도 말아야 하며, 남의 비밀을 알려고 해서도 안 되고, 우연히 알게 되더라도 모른척해야 한다. 이것이 내가 살아남을 수 있는 방편일 수 있다.

□ 상사 입장에서 말을 조심해라

상사의 자리에 있다 보면 부하직원에게 본의 아니게 상처를 주는 말을 할 수가 있다. 평상시에는 참을 수 있던 말이지만, 개인적인 사정으로 신경이 곤두서 있는 상태에서는 엄청나게 큰 스트레스로 다가올 수 있다. 때로는 부하직원의 반발로 다툼이 되기도 한다.

직원들이 있는 데서 흉을 본다든지 상처가 되는 말을

하면 그 부하직원은 평생 마음의 상처로 남을 수 있다.

상사는 부하직원을 보듬어 주는 자세가 필요하다. 칭찬과 격려의 말을 즐겨 하면 직장 분위기도 좋고 자신의 인격도 존중받을 것이다.

□ 권위를 세우려 하지 마라

권위는 부하직원이 세워주기도 하지만, 자기 자신이 잘 처신함으로써 세워지는 것이다.

권위를 억지로 세우려 하면 부하직원들로부터의 원성과 직장 내에 스트레스만 쌓일 수 있다.

부하직원을 인격적으로 존중해 주고 자신이 스스로 교양 있는 위엄을 가진다면 권위는 자연스럽게 따라온다.

□ 술친구는 멀리하라

술은 좋은 역할도 하고 나름의 장점도 있지만 나를 망가트리는 주범일 수도 있다. 인생 자체를 좀먹는 벌레와도 같다.

술을 먹으면 정신이 흐릿해지고 자기 통제가 안 된다.

따라서 자기가 목표한 대로 가기 힘들다.

술을 먹으면 간과 장에 영향이 가기 때문에 피곤하고 건강에도 안 좋으며 매사에 의욕이 상실되기 쉽다.

술을 먹으면 술친구가 생기고 많은 이야기를 하다 보면 실수도 하고 시간을 허비한다. 또한 돈도 따라서 낭비된다.

술을 먹으면 건전한 생활보다 향락에 빠지는 등 불건전한 생활에 빠지기 쉽다. 향락에 빠진 밤을 찾는 날이 많아진다. 이것도 마약과 같이 벗어나기 힘든 버릇이 되기 쉽다.

술을 먹으면 긴장감이 해소되어 능률이 저하되고 자칫 잘못된 길로 빠지기 쉽다.

술을 먹으면 직장에서 있던 일들이 발설되기 쉽고 이를 들은 외부인들의 입에 오르내려 직장의 이미지가 손상될 수 있다. 술을 마시면 하지 말아야 할 말이나 행동을 하게 됨으로써 큰 실수를 저지르기 쉽다.

술은 필요한 때에만 한잔하는 절제 있는 생활이 필요하다. 직장에서 끝까지 성공하려면 술을 절제하고 꿋꿋이 자기 일을 열심히 하면서 자기의 여가 시간을 찾아야 한다.

술 힘만을 이용하여 처세하거나 유대관계를 가지려는 생각도 고쳐야 한다.

결론은 술친구는 멀리하고 술의 유혹에서 이겨내야만 이 직장에서 남보다 앞서갈 수 있다.

□ 싸움은 피하라

어떤 형태로든 어떤 이유로든 직장에서 싸움은 피해야 한다. 큰 싸움으로 상처가 생겨 문제가 발생하면 징계처분을 받을 수 있다.

싸워서 시원할지 몰라도 나중에 큰 앙금으로 남아 나의 보이지 않는 적이 되어있을 것이다.

때로는 상사와 싸우고 회사를 그만두는 경우도 있다. 이는 평생을 두고 후회할 일이 될 수도 있다.

직장에서는 기분 나빠도 싸우지 말고, 참고 또 참아라. 그리고 대화로 풀어라. 당사자끼리 대화로 풀기가 어려우면 중재자를 찾아서 해결해라.

대화로 풀다보면 두 사람 관계가 더 돈독해질 수도

있다.

직장에서 나의 적을 만들어 좋을 일은 하나도 없다. 원수는 외나무다리에서 만난다고 했다. 직장에서 절실히 느낀 경험담이다.

□ **명함 활용**

직업인이면 명함을 활용하여 자신을 홍보할 수 있다. 명함의 기능에는 여러 가지가 있다.

(1) 자신의 홍보

(2) 자신의 존재감 알림

(3) 관계의 유지와 요청수단

(4) 만남의 희망

(5) 징표, 얼굴, 흔적, 인식수단, 여운 남김 등

명함에는 주소, 성명, 연락번호, 직업, 취미, 특기 등 자신이 널리 알리고 싶은 모든 사항을 넣을 수 있다.

명함은 한 번에 많은 수량을 인쇄하지 말고 적정 분량을 만들어 쓰고 다시 보완하는 방법이 좋다.

많은 수량을 만들었다가 내용이 바뀌면 다시 인쇄해야 하고 기존의 명함을 버리게 되면 낭비가 될 수 있기 때문이다.

□ 고충상담과 인사상담

직장생활을 하다 보면 업무적인 고민거리가 생길 수 있고, 개인적인 고민거리가 생길 수도 있다. 이때 직장 상사나 직장 상담부서에서 상담을 받으면 좋다.

직장부서의 고충상담, 자신의 승진, 전보 등에 대하여도 인사담당부서와 자주 상담해보는 것이 좋다.

대개의 경우 망설이다가 불이익을 당하거나 혼자 고민에 빠져 애를 태우곤 한다.

□ 서로 돕기

직장을 근무하다 보면 바쁜 부서와 그렇지 않은 부서가 있다. 경우에 따라서는 일손이 부족하여 일용급을 사용하거나 타 부서의 인원을 차출하여 도움을 받기도 한다.

이때 조금 한가한 부서에서 바쁜 일손을 도와주면 반갑고 그렇게 고마울 수가 없다.

내가 한가하다고 신문이나 잡지 읽기, 게임, 유튜브 YouTube 시청 등으로 시간을 보낼 게 아니라, 눈치껏 바쁜 부서를 도와주는 것도 직장 내 봉사이고 서로의 관계를 돈독히 할 수 있는 기회라고 본다. 어찌 보면 내 공을 쌓는 좋은 일인지도 모른다.

□ 직장 내 관습 따르기

직장생활을 하다 보면 업무 관련이나 업무 외 관습적으로 이뤄지는 행위가 있다. 때로는 부당한 일도 있고, 친목이나 화합을 위해서 따라야 하는 경우가 있다. 내 뜻에 맞지 않는다고 거부하거나 회피하면 외톨이가 되거나 불이익을 당할 수도 있다.

따라서 적당한 선에서 함께하는 게 좋다고 본다. 그러나 부당한 것이라고 판단되면 자기 생각대로 행할 수밖에 없다.

관습적인 것으로 선물문화, 친목행사, 회식문화, 업무

추진 방식이 있다. 오랜 세월에 걸쳐 직장 내에서 자연스럽고 습관적으로 이루어지는 일이라고 볼 수 있다.

□ 애경사 참여하기

직장에 근무하다 보면 직원들의 애경사가 많이 있다.

같은 직장에 몸담고 있는 이상 모른 체할 수 없다. 나도 개인적인 애경사를 치러 보았지만, 동료들이 무관심하면 그렇게 서운할 수가 없다.

되도록 직원 애경사에는 참여해야 하며, 이런 행사 참여를 통해 서로 간의 관계를 돈독히 쌓을 수 있다.

행사를 치르는 당사자도 직장에 근무함으로써 오는 위로감과 행복감을 가질 수 있다.

□ 연장자年長者 대우待遇

사회에서나 직장에서나 나이가 들면 대접을 받기보다 외면당하고 푸대접을 받거나 무시당하는 경향이 있다.

나이 들었음이 자랑이 아니라 서글픔으로 변할 수 있다.

오랫동안 직장에 몸담아 온 사람이라도 젊은 층은 나

이 든 사람을 달갑지 않은 눈으로 볼 수 있다.

자신도 나이 먹어가고 있음을 깨닫지 못하는 어리석음이라 생각한다.

심지어는 관리자까지도 젊은 층을 선호한다.

세상사는 젊음과 힘만으로 이루어지지 않는다. 경륜과 지혜가 어우러져야 원만하게 일을 처리할 수 있다.

직장에서 정년에 가까운 경력자라 해봐야 대부분 50대다. 그러나 지금의 50대는 청춘이다. 젊은이들에게 뒤지지 않을 나이라고 본다.

나보다 나이가 많으면 응당 그만한 대우를 해야 한다. 승진에 있어서도 마찬가지이다.

나이라는 계급장도 인정해주고 배려해주는 직장인들이 되었으면 한다. 나이 듦에 존대를 받았을 때 기죽지 않고 자존감自尊感 있게 살아가리라고 본다.

연장자 입장에서는 나이 먹었음을 의식하거나 표면화하지 말고, 항상 자신감 있고 활기차게 생활했으면 좋겠다. 그렇게 어울리다 보면 서로 좋은 관계를 유지할 수 있을 것이다.

□ 인맥 형성하기

사람이 살다 보면 가족단위 혈연관계를 떠나서 많은 관계를 형성한다.

가까운 마을사람들부터 지역향우회, 지역출신을 통한 지연관계, 학교동문을 통한 학연관계, 사회생활을 통한 지인관계 등 수없이 많은 관계가 이루어진다.

인맥형성이란 단어 자체가 조심스럽고 파벌 조성의 근원이 될 염려가 있으나 직장에서도 마찬가지로 이런 모든 것들이 종합적으로 관계되어 인간관계망이 형성된다.

직장에 근무하다 보면 왠지 좋아지는 사람끼리 그룹이 형성되고 소규모 모임을 구성하면서 단합심을 기르기도 한다.

여기서 인맥형성이란 파벌을 만드는 단체를 말하는 것이 아니고 서로 간에 좋은 인간관계를 형성하라는 말이다.

옛날 이야기책에 나오는 대목처럼 우연찮은 만남이 인연이 되어 목숨을 구할 수도 있다. 우리 일상에서도 서로 잘 알고 지내다 보면 행사참여 등에서 우연찮은 기회에 남보다 혜택을 보는 사례도 종종 있다.

따라서 직장에서도 관계형성은 매우 중요하다고 본다. 누구와 더 깊고, 끈끈한 관계를 맺을 것인가는 본인의 몫이라 생각한다.

□ 유혹에 조심하라

직장에서도 유혹의 덫은 있다.

나는 과거 수입입찰에서 예정가격의 10배 이상 고가입찰에 응찰한 업자가 있어 좋아했는데 입찰내용의 잘못을 지켜본 업자가 이것을 빌미로 교묘한 사기행각임이 밝혀져 오히려 변상하다시피 처리한 일이 있다.

최고가나 최저가 입찰에서 유의하여야 할 부분이다. 경우에 따라서는 상한 제한가 입찰방식이 필요해 보인다.

내가 인허가 부서에 근무할 때는 밤낮으로 전화가 시도 때도 없이 와서 괴롭히거나 각종 호의를 베풀어 유혹하기도 했다.

많은 수익과 실적 올리기에 따른 부작용, 원칙에 벗어

남을 눈가림하려는 호의, 값싼 가격에 저질의 물품 납품, 값싼 수리비에 위험한 보수 등 직장의 업무처리에 있어서 항상 유혹의 그림자가 도사리고 있으니 유의하여야 한다.

유혹에 따른 후회는 늦는 법이다. 미리 예측하고 슬기롭게 대처하는 현명한 판단력을 갖추어야 한다.

□ 성추행 방지

요사이 직장에서 종종 터지는 것이 성추행 기사이다.

옛날 권위주의적 직장 분위기에서는 성추행이 많았고 많은 사람이 이를 묵인했다.

그러나 지금은 내부 고발뿐만 아니라 양심선언 등을 통한 폭로시대이다. 또한 개성이 강해지고 자기주장이 강해지면서 대충 넘어가지 않는다. 사소한 일도 이의를 제기하면 곧바로 반응하는 시스템이 구축되는 등 법적이고 제도적인 장치도 강화되었다.

직장에서 성추행 등 불미스러운 일에 휘말려 들지 않

기 위한 방책으로 다음의 몇 가지를 제시해 본다.

첫째 직장에서 만나는 사람을 이성異性의 눈으로 보아서는 안 된다. 예외적으로 결혼을 꿈꾸는 사이 말고는 남녀 간에 정을 나누는 행위를 하면 안 된다. 상사와의 관계, 동료와의 관계, 부하직원과의 관계 등 사무적인 관계만을 생각하고 유지하도록 노력해야 한다.

두 번째 이성을 생각하며 위험한 상상을 하면 안 된다. 호감이 가는 직원에 대하여 이성적으로 가까워지려고 생각하면 실제로 그런 기회를 만들 염려가 있다. 생각부터 단절하도록 하여야 한다.

세 번째 직장 내에서 이성 간에 지나친 관심과 호의를 베풀어서는 안 된다. 어디까지나 이성이 아닌 직장 동료로서의 호의에 그쳐야 한다.

네 번째 이성 간에는 신체 접촉을 조심해야 한다. 요란스러운 악수, 포옹抱擁, 몸의 특정 부위 접촉 등은 삼가야 한다.

다섯 번째 직장 내에서 성적 발언을 조심해야 한다. 성적인 야담, 성적 유머humor, 이성 평가발언, 성적 비하 발언 등은 삼가야 한다.

여섯 번째 건전한 회식문화를 가져야 한다. 남녀직원을 동반한 술자리를 2차 3차 갖는다든지, 노래방 같은 은밀한 공간에 오래 머무른다든지 하면 문제가 발생할 수 있다. 남녀 간에 접촉이 이루어지는 혐오스러운 게임도 삼가야 한다.

일곱 번째 직장에서 남녀 혼합된 야유회나 여행은 통제나 견제수단이 필요하다. 분위기를 띄운다고 마구잡이로 놀게 해서는 곤란하다. 경우에 따라 시간통제나 장소통제, 행위통제 등이 필요하다고 본다.

여덟 번째 직장 상사로서 이성의 직원이 맘에 든다고 고의적인 업무접촉이나 만남 제의는 문제를 만들 수 있는 위험한 행위이다. 상사로서의 권위를 이용한 불미스러운 일이 많이 발생하기 때문이다.

아홉 번째 직장 내에서는 옷차림에 주의하여야 한다. 덥다고 여직원 앞에서 웃옷을 벗는다든지 옷을 갈아입는 행위, 시선을 끄는 야한 옷차림 등은 삼가야 한다.

직장에서 성추행 등으로 문제가 되면 처벌도 받지만 낙인효과가 크다. 조심하고 또 조심하여야 한다.

□ 먼저 사과하라

직장생활을 하다 보면 불만이 누적되어 있거나, 서로 간에 마음이 맞지 않는 경우, 공격적인 말투나 행동에 의한 경우, 의견 다툼, 그 밖에 여러 가지 이유로 말싸움만 아니라 몸싸움까지 이어지기도 한다.

한바탕 시원하게 퍼붓고 나면 마음이 후련한 것 같지만 다음날 계속해서 봐야 하고 상사와 싸우게 된 경우에는 더욱 고민이 앞선다.

아무리 마음으로 다잡고 싸움을 회피하려 해도 순간 끓어오르는 분노를 막기란 쉬운 일이 아니다. 어쩔 수 없는 현실의 한 과정일 수 있다.

다음날 내 마음이 언짢고 아파도 먼저 사과하는 자세를 가져보자.

사람들은 대부분 심성이 유연해서 사과를 잘 받아들이게 되어있다고 한다. 사과를 먼저 하는 순간 마음의 응어리가 해소되면서 편해짐을 느낄 것이다. 그러다 보면 사이가 더 돈독해질 수도 있다.

상대방이 감정의 골이 깊어 사과를 받아주지 않더라

도 계속해서 끈기 있게 사과의 마음을 보여주자. 상대방의 마음이 풀어지는 데 많게는 몇 년이 걸릴 수도 있다.

사과를 청하는 자체로도 마음이 편해질 것이다. 상대방도 마음 한편에서는 서서히 받아들여지고 있을 것이다.

□ 흉보지 마라

직장 내에서 상사나 부하직원의 잘못을 탓하며 동료들 앞에서 흉을 보거나, 술자리에서 상대의 약점이나 불만을 들어 욕하고, 눈에 보이지 않은 상대를 욕설 등의 말로 스트레스를 푸는 경우가 있다.

흉을 보는 것은 부메랑이 되어 자신을 공격할 수 있다. 상대에게 전달될 수도 있기 때문이다.

이런 험담은 자기혐오에서 나오므로 상대방의 결점이 눈에 더 보이게 되어있다고 한다.

옆에서 지켜보는 직장동료들도 만날 때마다 험담만 하면 점점 싫어질 수 있다. 나쁜 기운을 자꾸 전해주기 때문이다.

험담은 험담을 낳고 불만은 불만을 낳을 뿐이다. 자신의 정신과 몸에도 스트레스로 작용하여 건강에 해로울 뿐이다.

흉보는 것을 끊으려면 상대방의 장점을 들어 칭찬해주면 된다고 한다. 상대방이 없는 동료들 앞에서 해도 되고, 내가 가만히 생각해 보는 방법도 있다.

남의 흉을 말하지 않고 참거나 눈감아주는 것도 건전한 나의 인격을 수련하는 과정이다.

□ 겸손하라

많은 사람과 근무하는 직장에서 되도록 나를 돋보이려 하지 않아야 한다. 잘못하면 시기 질투의 대상이 될 수 있기 때문이다.

직장도 보이지 않는 경쟁의 장이다. 남보다 나은 실적도 올려야 하고, 성과가 있어야 승진 등에서 앞설 수 있다.

자기가 잘하는 분야에 대해 자신감이 더해지면 자만심으로 변하고, 자만심이 더해지면 비굴로 보여진다고 한다. 또한 자신감이 있는 자만이 진정한 겸손을 가질 수 있다고 한다.

"모난 돌이 정 맞는다."는 속담이 있다. 앞으로 나서기 좋아하다가 괜한 일로 공격을 받아 손해를 자처할 필요가 없다는 것이다.

겸손은 때로 나를 보호해주는 보호막 같은 역할을 해줄 수 있다.

□ 분위기에 맞게 처신하라

직장에 근무하다 보면 함께해야 할 분위기가 있다.

긴장된 상태에서 사무실에서 각자 열심히 업무에 전념하고 있는데 텔레비전을 켠다든지, 노래를 크게 켜 놓고 듣는다든지, 옆 사람과 잡담을 한다든지 하면 그것도 업무방해요 스트레스를 받게 하는 행위이다.

조용한 분위기에서는 조심스럽게 행동하여야 한다.

1) 다음은 차 마시는 분위기이다.

점심시간이나 잠시 여유가 있을 때 차를 마신다. 서로 얼굴을 보고 즐겁게 대화하면서 마음을 나눈다.

이때는 다 같이 그 분위기에 어울리는 게 좋다. 유대관계형성에 좋은 분위기이기 때문이다.

2) 다음은 직원회의 분위기이다.

누가 어떤 말을 꺼낼지 자못 긴장감이 감도는 분위기이다. 이런 때는 이 회의 분위기에 맞추어야 한다. 잡담을 하거나 어수선한 행동을 함으로써 분위기를 흩트리거나 시선을 빼앗기게 해서는 안 된다.

3) 다음은 친목회 행사 분위기이다.

이때는 즐겁게 게임도 하면서 응원도 보내고, 대화도 나누면서 더불어 즐거운 시간을 보내는 때이다.

음식이 나오면 서로 권하며 맛있게 먹는 분위기를 만들어야 한다. 개인행동으로 다른 일을 하거나 행사에 참여하지 않는다면 직장단합분위기에 역행하는 행위라 할 수 있다.

이렇듯 직장의 상황에 따라 그 분위기에 맞는 처신을 해야 한다. 분위기에 잘 편승하여 살아가는 것도 인생의 참맛이 아닌가 한다.

□ 잔정을 나누자

직장에 근무하다 보면 서로 간에 유대를 쌓아야 부드럽고 활기찬 직장 분위기를 만들 수 있다.

이런 분위기가 만들어지면 즐겁게 근무할 수 있고, 직장에 대한 애착심도 생길 것이다.

직장인들이 유대관계를 쌓으려면 대화나 호감 표시를 하면서 작은 성의로 마음을 나누는 시간이 필요하다고 본다.

커피타임도 가져보고 빵, 과자, 음료수로 다과 시간을 가져볼 수도 있다. 자신이 손수 준비해서 이런 시간을 가지면 좋을 것이다.

어떤 이는 자기 것 자기가 챙겨 먹어야 한다면서 상대에게 커피 한잔 타 주는 것도 꺼려 하는 이가 있다.

서로 간에 정감을 만들 수 있는 태도는 아니라고 본다. 평상시 조그마한 투자로 다과 물품을 챙겨서 직원들에게 서비스해 보자. 분위기가 한껏 좋아질 것이다. 부담 있는 이벤트보다 그 효과가 훨씬 높을 수 있다.

인간은 잔정에 약하다. 많은 경비를 들여 대접하면 오

히려 부담을 느낄 수 있다.

조그마한 서비스로 자신의 직장 분위기를 바꿔보자. 이로 인하여 직장 분위기가 좋아지면 더불어 자신도 행복해질 것이다.

□ 호감好感을 얻어라

호감이란 왠지 좋아지는 감정을 말한다.

학창시절 담당 과목 선생님이 좋아지면 그 과목 성적이 좋아질 확률이 높아진다.

직장에서 상사나 부하 간에 호감의 감정이 든다면 부하직원은 상사의 지시에 적극 따를 것이고 지지해 줄 것이다. 또한 상사는 부하직원을 아끼고 신뢰할 것이다.

호감은 자신의 감정에서 우러나올 수 있지만 노력에 의해서도 얻어진다. 사사로운 일에도 관심을 두고 상대방의 마음을 얻을 수 있는 행동을 보이면 된다.

행동에는 친절, 배려, 서비스, 위로, 표정관리, 애교, 기분 좋은 위트wit, 정감 어린 인사, 능력 표출 등이 있다.

호감은 여러 사람에게서 얻는다면 인기 있는 사람이나 선망羨望의 대상이 된다. 인기가 있으면 능력 면에서도 좋은 평가를 받을 확률이 높다.

직장에서 서로 호감 받는 직장인이 되어보자. 각자 행복한 직장인이 되어있을 것이라고 믿는다.

□ 체육친목회 행사 참여하기

직장에서 친목 행사를 주최할 때는 체육 관련 종목을 가지고 두 편으로 나눠 시합한다. 이런 친목 행사가 과열되면 밤늦게까지 시간 가는 줄 모르고 시합에 몰입하기도 한다.

흔히 하는 종목은 배구이다. 그 밖에 탁구, 배드민턴 등이 있다. 주변에 이런 운동 관련 동호인 단체가 많이 있다.

기회가 되면 건강도 챙기고 활력을 얻기 위해 운동을 하기 바란다. 운동 종목을 하나 골라 동호인 활동에 참여하여 기능을 연마해 놓으면 직장친목회 행사에서 기량을 발휘할 수 있다.

운동은 젊을 때부터부터 배우고 생활화하면 건강에도 좋고 여러 사람과 어울려 지낼 수 있어서 좋다.

운동을 잘해도 직장에서 두각을 나타낼 수 있다.

□ 나를 아는 것

유능한 직장인이 되기 위해서는 나를 알고 처신하는 것이 중요하다. 대부분 자신의 자화상 보는 것을 꺼려한다. 기대에 못 미치면 실망하는 마음이 들기 때문일 것이다.

우연찮은 기회에 남과의 경쟁에서 내 능력이 시험당하기도 한다. 또는 여러 가지 도전에서 자신의 한계를 느끼기도 한다.

그러나 자신의 능력을 정확히 아는 것도 중요하다.

직장에서는 직책, 직위, 직급, 계급, 선배와 후배, 경력, 기능적 능력의 서열에 따라 자신의 위치가 정해질 수 있다. 그 위치가 정해지면 자신이 할 수 있는 범위가 설정되고 처신의 폭이 정해진다.

"자리가 사람을 만든다"고 했다. 상사는 여러 직원 중보다 뛰어나서 그 자리에 앉아 있는 게 아니다. 여러 가지 조건에 따라 그 자리에 오른 것이다. 따라서 상사는 경쟁의 상대가 아니고 받들어야 할 대상이다.

상사를 무시하거나 거부하면 직장 위계질서에 문제가 발생하여 혼란을 자초할 수 있다. 이는 개인뿐만 아니라 직장에도 나쁜 영향을 끼칠 수 있다.

자신의 위치를 모르고 제멋대로 행동한다면 동료들이나 직장 내에서 지탄받는 직원이 될 것이다.

직장에서는 각자의 업무도 정해져 있다. 그러나 일거리가 들어오고 배당되었을 때, 어렵거나 까다로운 일은 안 맡으려고 다른 이에게 일거리를 주거나 거부하는 등의 반발이 발생 하는 경우가 있다.

그러다가 다툼으로 번지고 윗선의 개입으로 분란이 정리되면서 다시 자신의 업무로 오는 경우가 있다. 이런 결과로 자신의 마음이 아픈 것은 물론이거니와 옆 사람의 시선도 달갑지 않을 수 있다.

내가 처리해야 할 업무는 잘 알아서 책임감 있게 처리해야 한다.

정리하자면 능력 면에서, 위치 면에서, 업무 면에서

그리고 그 밖의 상황에서 나 자신을 잘 알고 처신하는 것이 유능한 직장인의 자세가 아닌가 한다.

□ 대인관계 유지하기

같은 장소에서 일할 때는 매일 얼굴을 마주하니 좋든 싫든 서로 관계가 이루어진다. 그러나 직원이 자리를 옮겨 다른 데로 전출을 가거나 퇴직을 하는 경우에는 대부분 관계가 단절되기 쉽다. 이는 어쩔 수 없는 집단내의 관계이기 때문이다.

따라서 그 집단에서 벗어나면 자연스럽게 관계가 소홀해지면서 잊어지게 된다. 관계는 필요에 따라 형성되고 필요가 없으면 단절된다.

직장에서 좋은 관계를 맺으려면 내가 상대에게 필요한 사람이 되어야 한다. 필요에는 능력과 처신 그리고 끈끈한 유대의 끈이 있어야 한다. 유대의 끈을 만들려면 지속적인 만남과 연락유지 그리고 소소한 면에서도 관심을 놓치지 않아야 한다.

인간은 간사한 면이 있다고 본다. 계속해서 호의를 베

풀고 관심을 주면 정감이 생기면서 끌리게 되어있다. 소소한 관심에는 따뜻한 말 한마디 해주기와 상대방의 개인 행사 챙기기 등 여러 가지 방법이 있다.

술친구나 놀이친구는 시간이 가면서 한때의 만남으로 남고 말기 쉽다.

결론적으로 나에게 필요한 사람이라면 지속적인 관심과 연락유지가 관계유지의 한 방법이라고 생각한다.

□ 도움 주는 이에게 감사하기

직장에서 말하지 못할 은밀한 도움을 받을 수가 있다. 지내놓고 보면 많은 도움을 받았다. 그러나 당시에는 당연한 것으로 여기고 지나쳐 버렸다. 그냥 '도와줄 수도 있지'라고 생각했다.

지금 생각해 보면 매우 중요하고 필요한 정보였으며, 은밀한 도움이었다. 그 당시 적극적으로 감사의 표시를 할 것인데, 라고 후회해 본다.

인간관계에서 감사할 줄 아는 미덕이 있어야 더 큰 도움을 받을 수도 있지 않을까 생각한다.

직장 내에서 받은 도움에 대하여 진지하고 깊은 감사의 마음을 가져보자. 상대는 더 많은 도움을 주려 할 것이다. 이는 내가 직장에서 앞서가는 발판을 만드는 방법이기도 하다.

감사의 표현은 빠를수록 좋다. 여러 가지 방법으로 보답을 해보자.

더 큰 감사의 일로 되돌아올 것이다.

□ 직장을 출입하는 자는 정보전달자이다

직장에 근무하다 보면 수시로 드나드는 일반인이 있다. 예를 들면, 컴퓨터 서비스업자, 각종 수리공, 물품을 납품하는 자, 각종 용역업자 등이 직장을 수시로 방문한다. 그들과 대화를 나누다 보면 자연스럽게 가까워진다.

이렇게 가까워지다 보면 마음에 있는 이야기도 하고 직장의 불만을 말하기도 한다. 어떤 이는 집안 사생활까지 말하기도 한다.

지내놓고 보면 참으로 어리석고 위험한 처사다. 대부분 그들은 여러 군데 직장을 출입한다. 어떤 상황에서 내가 말한 정보가 그쪽으로 전달되면 자연스럽게 정보 교환이나 제공이 이루어진다.

직장에서 일어나는 세세한 일들이나 개인 신상에 관한 일들이 퍼져나가는 것은 악영향을 미칠 위험이 크다.

때로 상부기관에서 목적감사나 불시점검이 나올 수도 있다. 정보가 상부기관까지 전달될 수 있기 때문이다.

직장에서 보안을 강조하지만 지켜지기가 쉽지 않다. 그래서 외부인과 대화는 신중을 기해야 하며 사무적인 대화를 할 뿐 여타의 정보를 말하지 않아야 함을 명심하자.

□ 직장에도 나의 적은 있다

직장에서 동료처럼 친하게 지낼 때는 모두가 내 편인 것처럼 느껴진다. 대체로 동료가 적이 될 수 있다고는 생각하지 않는다.

그러나 동전원리와 같이 인간관계에도 앞면과 뒷면이 존재한다. 겉으로 드러나지 않지만 어떤 상황이 벌어지면 나를 등질 수도 있다.

직장 내에 은밀한 계파가 존재할 수도 있고 혈연, 학연, 지연 등 조건들이 가미된 관계가 형성될 수도 있다.

직장 내에서 다툼이 생기거나 앞질러 승진하고 싶을 때 또는 좋은 자리를 선점하고자 할 때 암투가 벌어지기도 한다.

이때 대부분이 자기편을 옹호하고 지원할 것이다. 원칙대로 처신한다고 하지만 인생사가 다 그렇지만은 않다.

그러므로 직장에서 자기 속마음을 함부로 내비친다거나 깊은 정보를 함부로 말하면 상대방이 먼저 활용하거나, 나를 공격 또는 방해하는 수단으로 활용할 수도 있다.

평상시에는 직장 내에서 나의 적을 발견하기란 어렵다. 이런 점을 감안하여 매사에 조심해서 자신의 걸림돌을 만들어서는 안 된다.

적은 경쟁이 조장되었거나 상황이 터졌을 때 은밀하게 행동한다.

□ 직장은 생존경쟁의 장이다

직장에서는 여러 직원이 각기 자기업무를 수행하고 있다. 그러면서 가시적으로나 불가시적으로 직원들과 서로 부대끼며 생활한다.

생각이 안 맞아서 또는 느낌이 싫어서, 나를 공격해서 등 많은 이유로 갈등을 조장한다.

어떤 이는 누가 보기 싫어서 직장을 그만두어야겠다고 말하는 이도 있다. 이처럼 인적관계나 업무적인 관계에서 많은 다툼이 생긴다.

때로는 민원인과 갈등이 생길 수도 있고, 직장 동료 간, 상사와 부하 간 등에 있어 다툼이 일어날 수 있다. 기관 간에나 회사 간에도 알력다툼이나 경쟁이 일어날 수 있다.

직장 내 승진에 있어서도 직원 사이에 보이지 않는 민감한 대립이 존재한다. 이런 조건들을 극복하고 이겨내야 하는 생존경쟁의 장이 또한 직장인 것이다.

아침 출근부터 구두끈을 단단히 매고 마음을 가다듬어 일전戰의 자세로 근무에 임해야 하리라고 본다. 직장에서 일어날 수 있는 갖가지 사태에 대비하고 이를 헤쳐 나가야 만이 원만한 직장생활을 유지할 수 있다.

□ 근무지 적응

내가 첫 직장을 시작하면서 느낀 적응기간은 거의 1년 넘게 걸렸다고 본다. 첫 직장의 경우, 학교에서 배운 것과 사회생활에서 보고 느낀 것과의 사이에서 오는 괴리감이 크게 들었다.

처음 접하는 직장 분위기는 모든 게 낯설기만 하다. 직원들과의 만남도 그렇고, 시설 이용도 그렇고, 맡은 업무도 그렇고, 기존의 나와 다른 직장 분위기 등 모든 생활리듬이 새롭게 형성되는 것이다. 이때 잘 적응하지 못하면 적성이 안 맞는다고 생각하고 그만둘 수도 있다.

처음 적응하는 직장 스트레스는 어디에나 있다는 것을 알아야 한다. 근무하다가 다른 지역이나 다른 부서로 옮겨가도 마찬가지로 적응 기간을 거쳐야 한다.

직장에 적응이 되면 내 집처럼 편안하게 느껴지고 사람들과의 관계도 가까워져서 가족처럼 지내게 된다.

□ 상사에 대한 거부와 의사표현

자기 의사표현을 확실하고 솔직하게 표현한다고 감정을 직설적으로 말해버리면 상사 입장에서는 난처할 수밖에 없다.

"꼭 이런 일을 해야 합니까?"라고 말하거나 상사의 지시에 "안 됩니다.", "못 하겠습니다."라고 말하면 대화가 단절될 수 있고 감정의 골이 생길 수 있다.

이때는 단적인 거절보다는 "생각해 보겠습니다.", "노력해 보겠습니다."라고 말하고 정 안 되는 일일 경우에는 그 이유를 작성하여 구두로 보고하거나 자료로 제출할 수 있다.

부당한 업무 지시는 거절할 수 있다. 이때는 합당한 이유가 있어야 한다. 그렇지 않으면 명령불복종이나 괘씸죄에 해당할 수 있다.

상사의 업무적인 일이라기보다 부탁의 경우에도 부당한 부탁이 아니면 여지를 두고 말하는 게 자신의 처신에 도움이 되리라고 본다.

거절도 합당한 이유와 함께 정중하고 부드러운 거절이 좋고, 의사표현도 단정적인 것보다는 상황에 맞춰 부드러운 표현이 좋다고 본다.

자신의 책임만 벗어나려고 업무를 회피하게 되면 어차피 누군가는 그 일을 해야 한다. 부정한 일이나 잘못 지시된 일에 대해 알려주는 것도 다른 누군가에 대해 피해를 주지 않을 수 있는 방책이라고 생각한다.

□ 직장인들이 선호하는 직원

(1) 인간성이 좋은 직원

새로운 직원이 오거나 전출되어 오는 직원에 대하여 외모며 궁금한 게 많아진다. 은근히 기대도 된다.

부임해 오는 직원에 대해 제일 궁금한 것은 인성이다. 인성이 좋은 사람이어야 직장 분위기가 화기애애하고 각 개인적으로도 안정된 직장생활을 누릴 수 있다. 직장에서는 일거리보다 사람 관계에서 오는 스트레스가 더 클 수 있기 때문이다.

(2) 일 잘하는 직원

일 잘하는 직원이 있으면 상사 입장에서도 마음이 흐뭇하고 옆에 있는 직원들도 좋아한다. 자기 업무도 못하면 업무는 조금씩 옆 직원에게 넘어갈 수 있다. 따라서 다른 직원들이 피곤해진다.

일 잘하는 직원에게서는 업무를 배울 수도 있고 무엇보다 도움을 받을 수 있다.

(3) 마음이 통하는 내 편인 직원

나에게 도움을 주고 이야기 상대가 되어 주는 등 항상 내 편인 직원이 좋다.

(4) 배울 부분이 있는 직원

직장에 성실하면서도 나보다 잘하는 부분이 많은 직원에게 호기심이 생긴다. 그에게 배움으로써 내가 성장할 기회를 가질 수 있어서 좋다.

(5) 서비스가 좋은 직원

힘들 때 도와주고, 일로 피곤해할 때 차 한 잔 타서 건네주면서 고생한다고 위로해 주는 직원이 좋다.

(6) 정의감이 있는 직원

옳은 것은 옳다고 말해주고 잘못된 것을 지적할 줄 아는 직원이 좋다. 이유 없이 당하고 있는 불리한 직장인에게 울타리가 되어 줄 수도 있다.

(7) 솔선수범하고 부지런한 직원

남들이 꺼리거나 회피하는 일에 뛰어들어 솔선수범하

는 하는 직원이 좋다. 지저분한 쓰레기도 솔선하여 치우고, 자진하여 더러운 곳을 청소하는 직원이다.

□ 직장에서 미운 사람을 만났을 때

나의 경험으로 봤을 때 직장에 근무하다 보면 나도 모르게 꼭 미운 사람이 생긴다. 그렇다고 대놓고 미운 표현을 할 수는 없다. 보기 싫으면 내가 그 자리를 떠나야 하기 때문이다.

상사에게 찍혀 계속 질타를 받고 괴롭힘을 당할 때는 일단 혼자 고민할 게 아니라 말이 통하는 동료들과 상담을 해보아야 한다. 옆에서 지켜보는 이가 잘못된 점이 더 잘 보일 수 있기 때문이다.

이때 동료들 입장에서도 해결방법이 나오지 않으면 직접 상사와 터놓고 상담할 기회를 가져야 한다. 상사와 대화를 나눌 때는 처음부터 직장 이야기를 하지 말고 일상의 이슈에 대해 간단히 말하고 나서 본론 이야기를 하면 된다. 상사에게 그간의 아픔과 고통을 조목조목 들어서 자세하게 대화를 나누면 된다. 이때 다툼이 일어날 수 있다. 서로의 잘못된 점이나 오해를 푸는 시간이므로 인내하고 진정성 있는 태도로 임해야 좋은 결론을 도출할 수 있다.

만약 여기에서도 해결이 안 되면 최종적으로 인사부서에 상담하는 방법이 있다. 다른 부서로 옮기든지 다른 근무지로 전출하는 방법이 있다.

회사 내 고충상담부서가 있으면 은밀히 상담해 볼 수도 있다. 이때 그 상사는 내사를 당할 수도 있다.

지금은 회사 내 이런 신고시스템이 잘되어 있는 곳이 많아서 이유 없이 괴롭힘을 당했을 때 바로 신고하여 처리할 수 있다.

조그만 개인회사일 경우에는 고질적으로 질이 나쁜 상사도 있다. 그런 경우 이 상사는 사장과도 인맥이 닿아 있을 수 있으므로 어쩔 수 없이 회사를 그만둘 수밖에 없는 경우도 있다.

□ 직장에서 무시당하지 않으려면

직장 내에서 무시를 당하는 경우도 있다. 스트레스가 쌓이고 가슴 아픈 일이다. 이런 사람이 되지 않으려면 다음과 같은 조건을 갖추어야 하지 않을까 생각한다.

(1) 직장에서 필요한 사람

업무적으로 뛰어나거나 자기가 맡은 일에 전문성이 있어, 감히 범접하지 못할 능력이 있으면 함부로 무시당하지 않는다.

(2) 인품이 훌륭한 사람

인품이 뛰어나서 카리스마가 느껴지는 직원에게도 함부로 대할 수가 없다.

(3) 자기 컨트롤을 잘하는 사람

다른 사람의 마음과 자신을 잘 다스릴 줄 알고 처신에 있어 뛰어난 사람이다.

(3) 인맥이 잘 형성된 사람

인맥이 잘 형성된 사람도 함부로 건들지 못한다.

(4) 매사에 성실하고 열정적인 사람

부지런하여 회사에 열정적으로 근무하는 직원에게도 함부로 무시하지 못한다. 회사에서 호감을 받는 사람이기 때문이다.

(6) 개인 특기 분야에 특출한 사람

자타가 공인하는 특기가 있어 부러움을 사거나 선망

의 대상인 경우에도 함부로 하지 못한다.

□ 동료직원부터 챙겨라

어떤 이는 사장이나 윗선을 잘 안다고 동료들에게 함부로 하는 경우가 있다. 참 위험한 생각이다.

주변 동료들이 더 매섭고 힘들게 할 수 있다. 보이지 않는 왕따로 인해 자신이 피곤해짐을 느낄 수도 있다.

주변의 동료부터 먼저 잘 챙겨서 나의 편으로 이끌어야 한다. 직장에서 독불장군獨不將軍은 외롭고 힘들 뿐이다.

나와 같이하는 동료가 있을 때 더 큰 힘을 얻을 수 있고 직장에서 행복감을 느낄 수 있다.

무턱대고 윗선에 줄을 대는 것도 달갑게 보이지 않는다. 설령 윗선을 잘 안다고 할지라도 숨겨야 동료들로부터 견제를 받지 않는다.

윗선보다는 직속 상관이 더 중요할 수 있다. 직접 부대끼는 상대이기 때문이다.

제6장 자부심

제6장 자부심

회사이든 공직이든 자기 직장에 대해 자부심을 가져야 한다. 자부심이 강할수록 업무능률도 오르고 자기 발전에도 도움이 된다.

회사에 대해 불평불만을 말하는 이는 자신에게도 안 좋고 회사발전에도 도움이 안 된다. 회사에서 퇴출 대상자가 될 뿐이다.

내가 직장에 몸을 담은 이상 나는 직장의 구성원이고 그에 맞는 직업인이 되는 것이다. 직장인으로서 큰 자부심을 느끼려면 나 자신이 전문인이 되거나 능력인 그리고 숙련된 달인이 되어있어야 한다.

남들이 뭐라고 해도 내 직업에 대한 장인정신과 소명의식을 가져야 한다.

장인정신이란 한 가지 기술에 통달할 만큼 오랫동안 전념하고 작은 부분까지 심혈을 기울이고자 노력하는 정신을 말한다.

소명의식이란 책임 있는 직업정신을 말한다.

근무시간만을 채우기에 급급하기보다는 주인정신으로 맡겨진 업무에 능동적으로 열심히 임해야 할 것이다.

직장에서 성공하기 위해서는 내가 하는 일이 자랑스러워야 하고 내 직업과 직장을 사랑할 수 있어야 한다.

직장에 나가는 것이 고달프다고 생각되면 불행한 삶의 연속이 될 것이다. 직장이란 항상 즐겁고 나에게 희망과 생기를 가져다주는 곳으로 나 자신이 만들도록 노력해야 할 것이다.

저녁에 잠을 자면서도 직장 일들이 그려지고 어떻게 추진할 것인지 고민되기도 한다. 이 또한 직장인으로서 행복한 삶의 순간이 아닌가 생각한다.

제7장 긴장감

제7장 긴장감

　직장은 대부분 여러 사람이 근무하기 때문에 조직이 형성되고 상하 관계가 분명하다. 상관은 부하의 행동과 업무를 관리 감독監督하며 일에 대한 지시도 내린다.

　따라서 일단은 이 조직 관계에서 긴장감이 생긴다. 윗사람이 또는 아랫사람이 서로 지켜보고 있기 때문이다.

　하급자의 경우 상급자가 자리에 앉아만 있어도 긴장감이 생긴다.

　또한 업무로 인한 긴장감도 생긴다. 맡겨진 업무는 때에 맞게 잘 처리해야 하기 때문이다.

　때로는 업무분담에 있어 서로 갈등과 불만으로 긴장감이 조성되기도 한다.

　근무시간이나 근무자세 엄수로 인한 긴장감도 있다. 출퇴근 시간은 잘 지켜져야 하고 복장이며 근무하는 태도도 직장에서 요구하거나 정하는 바에 따라야 하기 때문이다.

직장은 생계유지를 위한 유일한 수단이다. 직장에서의 이런 긴장감은 감수해야 한다. 긴장감 속에서도 자기 처신에 따라 직장의 포근함과 행복감을 느낄 수 있다.

이런 긴장감이 있어야 직장의 업무가 잘 처리되며, 직장 질서가 유지되고 실적도 올릴 수 있다.

직장은 내가 거주해야 할 제2의 보금자리이다.

긴장감 속에서도 직장의 고마움을 생각하고, 내일이 기다려지는 즐거운 직장이 되도록 스스로가 노력해야 할 것이다.

제8장 승진

제8장 승진

승진은 직장인이라면 모두가 바라는 바이다. 그러나 대개의 경우 끝까지 가지 못하고 탈락하고 마는 게 안타까운 현실이다.

너무 승진에 매달리다 보면 오히려 피해를 볼 수도 있다. 명절에 선물을 챙기려다 감찰반에 발각되어 징계를 당하기도 한다.

승진은 차분하게 준비해야 한다. 무리하게 앞서려다 탈락하는 경우도 있기 때문이다.

무엇보다 직장에 들어서면 경쟁관계가 된다. 아무리 친한 동료 일지라도 승진 앞에서는 매몰찰 수밖에 없다.

우선 직원들 눈에 경쟁자처럼 드러나지 않아야 한다. 그러면서 자신의 숨은 노력이 필요하다. 가산점과 관련한 각종 자격증을 취득해 놓으면 좋다. 포상도 받아 놓으면 좋다. 각종 표창장도 근무성적 평정에 가산될 수 있기 때문이다.

다음은 업무처리에 있어 상관들에게 높은 점수를 받아야 한다. 자타가 인정해 주는 능력자가 되어 있어야 한다. 직급별 소양 연수에서도 높은 연수점수를 획득해 놓아야 한다. 그리고 평상시 발표 연습이나 언어구사력 연습도 해 놓아야 한다.

다음은 글쓰기와 컴퓨터를 활용한 공문서나 자료 편집 작성에 능숙한 실력자가 되어 있어야 한다. 승진에 대비한 공부나 승진 요강에 들어있는 내용도 차분하게 연구하여, 그에 맞는 계획을 세워 준비해 놓으면 좋을 것이다.

평상시에 조직 산하 직원들을 많이 알아 두면 좋다. 그리고 의도적으로라도 좋은 인상을 남기도록 노력해야 한다. 산하 조직원을 무작위 동원하여 다면평가제를 실시한 사례도 있다. 조직원들에게 적을 지는 행위는 피해야 한다.

승진을 생각한다면 하지 말아야 할 것이 있다.

술이나 오락게임 그리고 향락에 빠지지 않아야 한다. 근심 되는 일에도 빠지지 않아야 한다. 업무나 개인적인 일로 스트레스에 빠져서도 안 된다. 취미나 다른 기타 부문에서도 너무 집착하면 안 된다. 항상 여유로운 나를 만들어 놓아야 승진을 위한 준비를 할 수 있다.

이런 준비가 되어 있다면 승진은 저절로 이루어질 것이다. 조급해하지 말고 남의 눈에 띄지 않으면서 차분하게 대비하자.

특별승진 제도도 있다. 업무제안 공모에 참여해서 지대한 공헌을 한다든지 매스컴에 오르내릴 정도로 큰 성과나 공로가 인정되는 경우이다.

승진으로 가는 길은 좁다. 남보다 더 많은 숨은 노력이 필요하다. 이 책을 보신 여러분의 앞날에 큰 영광이 있기를 바란다.

제9장 자기계발

제9장 자기계발

대개의 경우 직장에 매달려 근무하다 보면 자기계발의 기회를 소홀히 하게 된다.

젊을수록 자기계발을 해야할 분야가 의외로 많다. 직무관련 자격취득부터 공부해 놓으면 좋다. 그 외 자신에게 도움이 될 수 있는 분야를 찾아보면 많다.

그렇다고 시간은 한정되어 있는데 이것저것 다할 수는 없다. 연차적인 계획을 세워놓고 서두르지 말고 꾸준히 준비하면 좋은 성과가 있을 것이다.

□ 연수는 모두 받아라

회사나 직장에서 보내주거나 자발적으로 신청 가능한 연수는 적극적으로 받아 놓아야 자기 발전에 큰 힘이 되고 직장에도 도움을 줄 수 있다.

연수를 귀찮다고 생각하지 말고 사정이 허락되는 한

다 받아 놓으면 자신에게 이롭다.

업무 추진을 하다보면 학창시절에 배운 모든 지식이 나도 모르게 쓰여 진다. 이를 잠재능력이라 본다. 직장 연수도 마찬가지이다.

업무를 많이 알고 잘할 수 있을 때 유능한 직원이란 말도 듣는다.

□ 자격증 취득에 눈을 돌려라

각종 자격취득은 직장에서도 활용할 수 있지만 두고 두고 평생 자기 지적 자산이 된다. 조그마한 자격부터 시작해서 큰 자격까지 시간을 두고 차분하게 준비하면 좋으리라고 본다.

□ 연수 경험을 쌓아라

대부분 자기가 좋아하는 분야만을 고집스럽게 배우는 경우가 있다. 그러나 여러 방면의 경험을 쌓다 보면 그 원리가 비슷하다는 것을 발견할 수 있을 것이다. '이것 배워 어디다 쓰지?'라고 생각하지 말고 기회가 된다면 고루 섭렵해 놓자. 다 나중에 나에게 피가 되고 살이 되는 지식이 될 수 있다.

□ 교양서적 읽기

나는 직장에 너무 충실하다 보니 일반 교양서적을 접할 기회가 없었다. 그러나 이제 정년을 하고 글을 쓰면서 교양서적을 읽기 시작하였다.

이제까지 소홀히 했던 교양서적에서 의외로 배울 것이 많았다. 왜 진즉부터 책을 읽지 않았나 후회스러운 마음도 들었다.

책에는 많은 지혜와 삶의 진솔한 경험담이 담겨있다.

'바쁜데 그런 책 읽을 시간이 어디 있어'라고 생각하며 독서를 멀리한다면 마음에 지식을 쌓을 수가 없다.

독서에서 얻은 지식으로 당장 우리 현실에 응용할 수도 있고, 직장에서 업무에 활용할 수도 있다.

처음부터 한 달에 한 권 이상의 책을 읽어야 한다거나, 하루 몇 시간을 책 읽기 해야 한다는 목표를 세운다면 독서에 부담이 가서 오히려 오래 못가 포기하고 말

것이다.

하루 10분이라도 읽는 버릇부터 기르자. 그리고 서서히 재미를 붙여보자. 독서의 생활화도 자기계발의 중요한 부분이라 생각한다.

다달이 한 권의 책을 사볼 수 있는 여유를 가져보자. 책을 통해 얻은 지적자산은 평생을 두고 유용하게 활용할 수 있다. 직접경험도 좋지만 책을 통한 간접경험도 쌓아서 행복한 삶을 설계해 보자.

□ 인터넷 계정을 통한 활동

이제 인터넷 세상이 되었다. 특히나 코로나19의 여파로 인해 여러 사람이 가는 곳을 꺼려하거나 사람과의 접촉을 피하려는 시대가 되었다.

이 때문에 각광을 받고 있는 것이 비대 면으로 세상을 접할 수 있는 인터넷 세상이다.

인터넷 계정을 통한 활동으로는 카카오스토리, 유튜브(the YouTube, 무료 동영상 공유 사이트), 블로그, 홈페이지 운영, 페이스북 등을 통해 다양하게 이용할 수 있다.

지금을 사는 현대인이라면 이들을 운영하거나 이용할 줄 알아야 한다. 이미 하고 있는 지인들의 도움을 받는다면 쉽게 접근할 수 있을 것이다.

인터넷은 세계에 동시다발적으로 정보 전파가 이루어지고 있어서 파급효과는 어마어마하다.

개인이나 단체, 기관, 회사에서 홍보수단으로도 아주 좋은 방법이기도 하다. 마음의 여유가 된다면 이런 부분에 취미를 붙여보는 것도 자기발전 기회가 되리라고 생각한다.

□ 봉사활동을 해라

내가 직장생활을 할 때는 봉사활동에 대해 바쁘다는 핑계로 전혀 관심을 두지 않았다. 그러나 정년을 하고 여러 사람을 만나 어울리다 보니 우연히 봉사활동을 하게 되었다.

처음에는 얼떨결에 따라다니듯 시작했으나 봉사 횟수가 늘어갈수록 봉사활동이 좋다는 것을 알았다.

봉사활동으로 어려운 상대에게 도움을 주고 사회에 기여하는 측면도 있지만, 나를 되돌아볼 수 있는 기회가 되고 사회에 공헌했다는 자부심과 보람을 가질 수 있다. 봉사활동을 통해 나의 아픈 구석을 치유하는 효과도 있다. 무엇보다 복을 짓는 일이다.

봉사활동 분야는 많이 있다. 대개의 경우, 바쁜 일손 돕기부터 재능기부, 요양원 도우미, 기관에서의 도우미, 안전도우미, 각종 행사 도우미 등 우리 주변에서 찾아보면 수없이 많다.

봉사활동 방법은 직장에서 봉사단을 조직하거나 사회 지인들을 통해 봉사단에 가입하여 활동할 수 있다.

활동 분야도 자기의 특기와 기호를 살리면 좋다.

봉사활동으로 색다른 세상을 경험해 보자. 내 삶에 많은 도움을 주리라고 본다.

□ **문화생활 즐기기**

직장에서 바쁜 일상에 쫓기다가 집에 돌아오면 가족과의 시간을 보내게 된다. 그러다 보면 문화생활을 잊고 살 수 있다.

그러나 일부러라도 시간을 내서 문화생활을 즐기다 보면 스트레스가 풀리고 새로운 세상을 만나는 듯 마음이 시원하고 풍요로워진다.

문화생활 분야에는 극장에서 관람하는 영화, 각종 공연, 스포츠 관람 등이 있고, 그 밖에 볼거리 행사도 여러 가지가 있다.

이런 관람을 통해 자기의 취미를 발견하기도 한다. 여유 있는 나를 만날 수 있는 기회이기도 하다.

문화생활을 즐길 줄 아는 것도 문화인文化人이요, 행복한 삶을 누릴 줄 아는 현명한 지혜인이 아닐까.

□ 글쓰기를 해라

글쓰기는 나 자신의 마음을 정리할 기회를 주고 무엇보다 지력을 높인다. 이렇게 지력을 높이다 보면 삶의 지혜도 발견할 수 있고, 사물을 통찰할 수 있는 능력을 기를 수 있다.

처음에는 몇 줄이라도 내 생각을 적어보는 습관을 들

여 보자.

책을 읽으면서 좋은 문구나 귀중한 자료로 활용할 부분에 대해서는 발췌해 놓자. 그리고 좋은 생각이 떠오르면 언제든지 메모할 수 있는 준비를 하자.

나중에 이런 글들을 모아서 정리하면 책을 편찬할 수도 있다. 무엇보다 글쓰기 실력이 늘어 공문서 작성이나 보고서 작성에 큰 도움이 된다.

글을 쓰는 시간만큼은 나만의 공간을 갖는 것이라 생각한다. 이렇듯 글쓰기도 자기계발에 좋다고 본다.

□ 일과 메모하기

일과 메모는 모두가 평상시 잘하고 있을 것으로 본다.

아침 출근하면 맨 먼저 오늘의 할 일을 적어보고, 어제 실행한 일들을 점검해서 정리해 두면 하나의 기록 대장처럼 유용하게 활용할 수 있다.

작은 노트를 구입하여 사용할 수 있으나 직장에서 달력이 들어간 업무일지를 배부해 주기도 한다.

기록은 나의 일기장처럼 활용되며 정보 자료처럼 이

용할 수 있다.

잘 정리해서 모아두면 후에 추억물이 된다.

□ 힘을 모아라

일상적으로 처리해야 할 업무는 여러 가지일지라도 평상시 하는 일이라 잘 해낼 수 있다.

그러나 심혈을 기울여야 할 공문 자료 작성이나 중요한 계획 수립은 시간이 소요되고 정신적인 몰입이 필요하다.

어떤 이는 술도 마시고 놀아가면서 하라는 충고 아닌 충고를 하는 사람도 있고, 시간이 가면 해결된다고 말하는 이도 있다.

남의 일이라고 그렇게 쉽게 말하면 안 된다.

"바쁠 때는 바쁘게 살아라."라는 말이 있다. 정신을 집중해서 일해야 할 때는 열심히 해야 한다.

때로는 중요한 일을 앞두고 허드렛일은 미뤄두고, 놀고 싶은 마음도 참으면서 힘을 모아 열심히 했을 때 성공적으로 이뤄낼 수 있다고 본다.

승진공부나 다른 어려운 일들도 마찬가지이다.

□ 어학능력 키우기

각종 문서나 보고서를 작성할 때 글쓰기와 맞춤법 적용은 필수이다. 우리는 그동안 학교에서 배운 것만으로 충분하다고 생각하고 우리말을 소홀이 사용하는 경우가 많다. 그러나 꼼꼼하게 챙겨 읽다 보면 의외로 허점이 드러난다.

나는 글쓰기를 시작하면서 우리말 사용이 조심스럽고 공부할수록 어렵다는 것을 느꼈다.

좋은 문장과 정확한 문법을 구사驅使하려면 어문語文에 대한 공부를 꾸준히 해야 한다.

우리말은 중국이나 영어권 등 외국어에서 빌려 온 단어가 많다. 외국어를 우리말화한 경우이다. 따라서 한자나 영어 등 외국어 공부도 간간이 곁들여 공부해 놓아야 단어의 어원을 이해하고 바르게 쓸 수 있다.

순우리말을 사용하는데 역행된다고 말할 수도 있지만 어쩔 수 없는 현실이다.

우리말 공부도 하루에 10분씩이라도 시간을 내서 꾸준히 한다면 많은 실력이 쌓아지리라고 본다.

□ 컴퓨터 달인이 되어라

내가 처음 근무하던 80년대 시절에는 컴퓨터라는 게 없었다. 잘해야 타자기가 있었고 대부분의 공문서를 손 글씨로 작성하였다.

그때 당시에는 손 글씨를 전문적으로 써주는 필경사란 직업도 있었다.

90년대 들어 컴퓨터가 서서히 보급되었고, 2000년대에 와서야 개인 컴퓨터가 보급되었다. 그 뒤로 모든 업무가 전산화되면서 컴퓨터를 모르면 업무를 처리할 수 없게 되었다.

컴퓨터를 조작하고 다루는 기능에도 여러 가지 프로그램이 있다. 워드기능은 기본이고 계산능력이 탁월한 엑셀, 문서나 회의자료 작성 시 활용하는 파워포인트, 사진이나 그림파일을 다룰 수 있는 포토샵 등 다양한 프로그램이 있다. 여유가 있다면 제일 먼저 이와 관련

된 자격증을 취득하는 게 좋다고 본다.

이런 기능을 많이 알면 공문서 작성이나 보고서 작성 등에 실력자가 되어 있을 것이다.

더 욕심을 낸다면 컴퓨터 프로그램을 직접 제작할 수 있는 공부를 하면 더욱 좋다고 본다. 이 능력이 있다면 모든 업무를 창의적이고 획기적으로 수행할 수 있다.

글자를 모르면 문맹이지만 컴퓨터를 모르면 컴맹이 된다.

지금 이 시대에 컴퓨터를 모르면 업무수행이 불가능 할 수 있다. 열심히 공부하고 숙달해서 컴퓨터 달인이 되어야 직장인으로서 칭송받을 수 있고 일을 원만히 처리할 수 있다.

□ 보고서 작성법을 익혀라

업무를 추진하다 보면 보고서 작성이 심심찮게 필요하다. 사고가 발생하여 그 경위를 기관장이나 상부기관에 보고할 때도 보고서 작성이 필요하고, 각종 사업추진을 위해 현안설명을 위해서도 보고서 형식이 필요하다.

뿐만 아니라, 회의자료 작성 등에서도 보고서 작성이 필요하다.

이때 대부분 기존자료를 따른다. 그러나 보다 앞서고 발전된 모습을 보이려면 창의적이고 내용이 충실한 보고서를 만들어야 보는 이들을 만족스럽게 할 것이며, 윗사람들에게도 인정받을 수 있다.

보고서 작성법에 대해 연구하고 익혀서 내 능력을 한껏 발휘하는 기회를 가져보자.

□ 시대의 흐름을 읽어라

세상은 날마다 바뀌어 가고 있으며 또한 변화를 추구하고 있다. 이에 상응하지 못하면 착각에 빠지거나 남들의 웃음거리가 될 수 있고 남보다 정보에 뒤쳐져 가는 사람이 될 수 있다. 이에 대비하기 위해서는 정보수집에 부단히 노력하여야 한다.

먼저 신문이나 방송 등 매스컴에 관심을 가져야 한다. 최소한 그날의 뉴스나 신문기사 제목을 통해 사회 분위기 정도는 파악해 놓아야 한다. 이는 업무 기획 면에서도 활용할 수 있다.

　다음은 직장 분위기를 읽어야 한다. 이를 위해서는 직장 동료들과 소통이 잘 되어야 한다. 때로는 동료들과 커피타임 등을 통해서 직장에 대한 여러 정보를 탐지할 수 있다.

제10장 취미활동

제10장 취미활동

평상시 취미 하나씩은 가져보면 좋을 듯하다.

취미는 정서적으로 안정을 가져오며 스트레스 해소에도 도움이 된다.

오랜 수련으로 실력이 늘어나면 나의 자랑거리로 내세울 수도 있고, 직장근무에도 활력의 요소가 될 수 있으며 두루 쓰임새가 많아질 것이다.

취미는 여러 형태로 가질 수도 있다. 동적이거나 정적인 것도 있고, 예술적인 방면도 있고 기능적이고 기술적인 방면도 있다.

취미를 잘 살려 직원들에게서 인기를 얻었을 때 이것도 인간관계에서 플러스 점수가 아닌가 한다.

취미가 많을수록 삶의 질이 더 풍부해진다고 한다.

취미활동도 단시간에 이루기는 어렵다. 남보다 뛰어난 기량을 보이려면 많은 시간 투자와 열정이 필요하다.

나중에 여유 시간이 있으면 해야 하겠다는 생각을 버리고 당장 할 수 있는 취미를 개발해 보자.

　취미는 평생에 걸쳐서 해야 할 활동이기도 하다. 퇴직 대비를 위한 활동 분야이기도 하다.

제11장 건강생활

제11장 건강생활

건강은 백번을 강조해도 지나치지 않다. 규칙적인 운동과 충분한 휴식, 수면, 그리고 알맞은 영양섭취가 필요하다. 직장 업무를 활기 있고 원활하게 처리하려면 몸 상태도 좋아야 하고 무엇보다 건강해야 한다.

일이 많은 부서에서 근무하다 보면 야근을 밥 먹듯이 하고 업무에 시달리면서 스트레스도 받게 된다.

젊다고 몸을 돌보지 않으면 건강에 무리가 가는 것은 당연하다. 평상시 운동계획을 세워놓고 규칙적으로 생활리듬을 만들어야 건강도 유지할 수 있고 업무능률도 오른다. 항상 내 몸을 위해 챙겨야 할 항목을 다음과 같이 열거해 본다.

□ 식사는 제시간에 챙겨 먹어야 한다

바쁘다는 핑계로 식사를 거르거나 늦게 먹는다면 생

체 리듬에 영향을 주기 때문에 건강에 안 좋다. 직장인은 활동적으로 움직여야 하므로 꼭 식사는 챙겨 먹어야 한다. 그리고 건강식의 식단도 생각해 보아야 한다.

□ 배설은 참지 않아야 한다

사람에게 배설은 아주 중요하다. 건강을 유지하기 위한 생리현상이다.

배설은 되도록 참지 않아야 좋다.

대변 같은 배설은 출근 전에 해결하는 습관을 지니는 게 좋다. 직장에서 여러 가지 일에 시달리다 보면 시간 여유가 없거나 무심하게 참다가 변비에 시달리는 경우가 많다.

□ 휴식은 간간이 취해 줘야 한다

일에 쫓기다 보면 쉬는 시간도 아까워할 수 있다. 그러나 잠시의 여유가 오히려 능률적일 수 있다. 몸을 편하게 풀어주는 시간이나 정신을 맑게 하는 시간은 잠시 짬을 내서라도 챙겨야 한다.

몸을 풀어주는 방법은 5분 정도 간단한 체조나 스트레칭을 해볼 수 있고, 천천히 심호흡을 해보는 시간을 가져볼 수도 있다. 머리를 맑게 하고 긴장을 푸는 방법으로 좋다.

그리고 점심시간을 이용해 산책하면서 10분 이상의 일광욕 시간을 가져야 한다. 바쁘다고 핑계로 점심시간도 반납하고 업무에 들어가는 경우가 많다. 기계처럼 내 몸도 기름쳐 주고 열받으면 쉬어주고 닦아주는 등의 관리가 필요하다.

□ 과도한 스트레스는 받지 않아야 한다

직장에서 일에 시달려 받는 스트레스나 직장상사나 직장인들끼리의 알력으로 스트레스가 생길 수 있으며, 민원인들에 의해서도 스트레스를 받는 경우가 있다.

어쩔 수 없는 현실에 대한 반응이다. 때로는 적당한 스트레스가 긴장을 조성하기 때문에 괜찮다고도 한다. 그러나 과도한 스트레스는 신체 건강은 물론이요 정신 건강에도 좋지 않다.

스트레스를 자신의 마음으로 다스리는 방법도 있지만 서로 간에 대화로 풀 수도 있고 제 삼자의 중개로 해결할 수도 있다.

극히 심리적으로 힘들 때는 주변 사람이나 직장 상사, 전문가 등에게 상담을 해보는 방법이 있다.

□ 운동은 규칙적으로 하자

운동은 건강을 위해서도 하지만, 스트레스를 이겨내는 방법이 되기도 한다. 퇴근하고 헬스클럽이나 기타 운동 시설을 이용해 자신만의 운동시간을 가질 수 있다. 운동으로 땀을 흘리고 나면 마음이 상쾌해지고 몸 컨디션도 좋아진다. 운동은 평생에 걸쳐 해야 할 필수적인 것이다.

□ 몸을 씻고 긴장을 풀 시간을 가져야 한다

운동을 하고 나서나 퇴근하고 나서 간단한 샤워를 해서 몸을 씻어주면 기분전환이 된다.

그리고 자기 자유 시간을 가져보는 게 좋다. 책을 읽

을 수도 있고, 텔레비전을 시청할 수도 있고, 컴퓨터를 통해 자료를 검색하거나 글을 써보는 등이 있다.

내 시간을 한 시간 이상 가져보는 것이 일과의 긴장을 해소하는 방법으로 좋다고 본다.

□ 수면은 충분히 취해야 한다

우리는 일상에서 바쁜 시간을 보내다 보면 무리하게 수면시간을 줄이는 경우가 있다. 공부하기 위해서나 업무를 처리하기 위해서, 기타 남들과 사교시간을 가지기 위해서 밤늦도록 술을 마시는 등 밤시간을 허비하는 경우도 있다.

그러나 경험상 수면은 그 무엇보다 중요하다고 본다. 수면은 내 몸의 회복과 각종 질병으로부터 예방과 치료의 시간이다. 내일을 생각한다면 충분한 수면시간을 챙겨야 한다.

수면시간을 아껴서 무엇을 하겠다는 것에는 찬성하고 싶지 않다.

제12장 징계

제12장 징계

징계부분은 다루지 않으려고 했지만 어찌 보면 중요한 부분이어서 서술해 본다.

징계란 업무상이나 개인 신상에 잘못이나 허물 따위를 가려서 벌을 내리거나 제재를 가함을 말한다.

여기서는 공무원의 징계에 대하여 알아보자.

징계의 종류에는 견책, 감봉, 정직, 강등, 해임, 파면 등이 있다.

일단 경징계든 중징계든 징계를 당하면 근무하는 동안에 많은 불이익이 따를 수 있다. 따라서 징계를 당하는 불운은 없어야 할 것이다.

견책은 가장 가벼운 징계이다.

감봉은 1~3개월 사이의 기간을 두고 월급의 3분의 1을 감하는 수준으로 징계를 내리고 정직은 공무원이라는 신분은 유지되지만 일을 할 수 없으므로 보수 전액을 삭감하는 징계에 해당한다.

강등은 계급 또는 직급을 한 단계 격하시키는 처분이다.

해임은 당사자를 강제로 퇴직시키는 처분으로 3년간 공무원 재임용이 불가능하지만, 연금에 끼치는 영향은 없다.

파면은 5년 동안 공직에 있을 수 없고 받을 수 있는 연금이 반으로 준다. 가장 무섭고 강력한 징계이다.

징계를 당하는 원인의 90% 이상이 청렴과 관련된 경우가 많다. 그래서 직장생활을 무난하게 마치려면 제일 으뜸이 청렴을 생활화하는 것이다.

그 밖에 징계를 당하는 유형을 보면 다음과 같다.

(1) 불의의 사건이나 사고발생이다.

대형사고가 발생하면 여러 관련 부서가 조사를 받게 되어 있다. 여기에서 업무를 원칙에 입각해서 잘 처리하였는지 또는 선의의 관리 책임을 다하였는지 등을 철저하게 조사받는다.

이때는 작은 잘못도 더 크게 처벌받을 수 있다.

(2) 업무와 관련 없이 개인 신상에 관련하여 징계를 받을 수 있다.

실례가 음주운전이다. 가정사가 민원화되어 처벌받기도 한다. 일반 범죄행위를 하는 경우도 마찬가지다. 사생활 부분도 직장과 관련되는 경우이다.

(3) 업무의 과오를 저질렀을 때이다.

정기감사나 수시감사, 특별감사 등을 통해서 큰 잘못이 드러난 경우이다.

(4) 상부기관으로부터 불시의 점검이나 특별단속기간에 걸린 경우이다.

대개의 경우 실적감사이기 때문에 평상시보다 더 강하게 처벌할 수 있다.

(5) 부하직원의 과오로 인한 경우이다.

본인이 직접 업무를 처리하지 않았더라도 부하직원이 엄청난 부조리를 한 경우 관리 감독의 지위를 따져 책임을 묻는 경우가 있다.

그 밖에도 많이 있지만 생략하기로 한다.

징계를 벗어나려면

(1) 청렴하여야 한다.

(2) 모든 업무는 감사를 받는다고 생각하고 철저하게

처리하여야 한다.

(3) 작은 예감에도 민감하게 대응하여야 한다.

(4) 세상의 흐름을 타야 한다. 특별강조기간에는 특히 조심하여야 한다.

(5) 사생활도 직장생활의 연속이다. 개인 생활에 있어서 범죄와 연루되는 일이 없도록 매사에 조심하여야 한다.

(6) 긴장된 상태를 유지하여야 한다. 방심은 금물이다.

(7) 잘못된 일에 관여되지 않아야 한다.

(8) 자기가 맡아 처리한 일에 대하여 반성하고 점검해보는 시간을 가져야 한다.

(9) 위험인물은 가까이하지 말아야 한다. 판단을 그르치게 하거나 덩달아 잘못에 연루될 수 있다.

(10) 위기 대처 능력을 발휘하여라.

때로는 포기보다 발 빠른 상황수습과 자기변호 자료를 철저하게 준비함으로써 처벌 대상에서 벗어날 수 있다.

직장에서 징계를 당하지 않고 정년을 맞이하는 것도 대단한 행운이라고 본다.

제13장 나가면서

제13장 나가면서

직장은 나에게 많은 것을 가져다준다.

돈과 명예, 삶의 의욕과 생의 기쁨, 성취감과 자존감, 많은 인간관계의 형성, 자부심과 보람 등 셀 수 없이 많다.

'가화만사성家和萬事成'이란 집안이 화목하면 모든 일이 잘된다는 뜻이다. 어떤 이는 '직화만사성職和萬事成'이란 말로 바꿔 직장을 으뜸이라고 말하기도 한다.

옛 훌륭한 선인들은 공직에 머물면서 공적인 일이 최우선이라고 강조하기도 하였다. 현실에 있어서도 직장 일이 우선일 수밖에 없다. 왜냐하면 가족의 생계수단이기 때문이다.

따라서 개인적인 일을 직장보다 우선시하면 직장 업무에 곤란한 문제가 발생할 수 있다. 직장의 중요한 일 처리가 개인적인 일로 지연되어 손해가 발생한 경우 회사는 어찌 생각할까는 뻔하다.

직장은 다시 구하면 된다는 안일한 생각으로 직장을

그만두고 후회하는 동료들이 가끔 있다. 한번 시작한 직장은 중간에 바꾸기도 힘들고 또한 자주 바꾸는 자세도 좋아 보이지 않는다.

한번 잡은 직장은 평생직장이란 생각으로 임해야 한다. 중도에 그만두지 않으려면 그 직장을 최우선이라 생각하고 충실해야 한다.

직장인이 지녀야 할 몇 가지만 들자면 다음과 같다.

첫 번째 청렴이다. 청렴은 모든 일의 근간이 된다.

두 번째 인간미가 갖추어진 예절인이다.

인간성이 못된 사람은 능력인이라도 주변 사람을 힘들게 할 것이다. 먼저 인격이 갖추어진 예의 바른 인간이 되어야 한다.

세 번째 능력인이다.

직장인으로서 자기가 담당하는 일에는 그만한 능력을 갖추어야 한다.

네 번째 열정이다.

직장에 대해 식지 않는 열정이 있어야 직장도 발전이 있고 본인 발전과 더불어 행복감을 가질 수 있다.

다섯 번째 창의정신과 도전정신이다.

기존의 업무 답습보다 더 나은 방법을 찾고 새로움에 도전하는 정신이 있어야 직장과 개인의 발전이 있으리라고 본다.

직장인으로서 멀리해야 할 것들은 다음과 같다.

첫 번째 뇌물이다.

직장인으로서 오랫동안 무사히 마치려면 부정한 돈을 멀리해야 한다.

두 번째 범죄행위이다.

직장인이라면 직장에서만 잘해서도 안 된다. 다른 범죄행위를 저지르거나 연루되면 직장근무를 이어가기가 어렵게 된다.

세 번째 불건전한 향락이다.

술, 도박, 마약, 게임중독 등 불건전한 놀이문화를 경계하고 이런 데 빠져서는 안 된다. 가정파탄은 물론이거니와 개인 파탄까지 가져올 수 있다.

네 번째 경계인물이다.

사람 잘못 만나면 일순간 나쁜 길로 빠질 수 있다. 또한 덩달아 당할 수도 있다. 사람을 가려서 사귀어야 한다. 부당한 업무를 강요하는 상사가 있을 경우에는 인사부서와 상담하여 부서를 바꾸거나 전출을 고려하는 방법이 있다.

다섯 번째 나태懶怠이다.

게으른 자는 아무 데도 쓸데가 없다고 했다. 항상 필요한 사람이 되도록 노력하여야 한다.

이 밖에 많은 것들이 있지만 여기에서는 줄이고 나머지는 여러분의 몫으로 현명한 판단을 기대한다.

현재 근무하는 직장에서 모두가 좋은 성과를 거두고 무사하게 정년퇴직을 맞이하기를 기원祈願하며 여러분의 건투健鬪를 빈다.

직장인의 삶

ⓒ김영성, 2023, Printed in Seoul, Korea

초판 1쇄 발행 | 2023년 1월 10일

지은이 | 김영성
펴낸이 | 고미숙
편   집 | 구름나무
펴낸곳 | 쏠트라인saltline

등록번호 | 제452-2016-000010호(2016년 7월 25일)
제 작 처 | 04549 서울 중구 을지로18길 46-10
          31533 충남 아산시 방축로 8, 101-502
전자우편 | saltline@hanmail.net

ISBN :979-11-92139-26-5 (03320)
값 : 15,000원